Kochvergnügen und Genuß

Fondues, Raclette und heißer Stein

Ulrike Bültjer · Rose Marie Donhauser

INHALT

TEIL 1: FONDUES

SCHLEMMEN IN GESELLIGER RUNDE	8

Tradition mit Charme
KLASSISCHE FONDUES	12

Nicht nur für Gourmets
FEINSCHMECKERFONDUES	24

Für Gemüsefans unschlagbar gut
VEGETARISCHE FONDUES	46

Grenzenloses Fonduevergnügen
INTERNATIONALE FONDUES	60

Verführerisches für Schleckermäulchen
SÜSSE FONDUES	80

Aromatisches zum Eintauchen
SAUCEN	92

Charmante Begleiter mit Raffinesse
BEILAGEN	108

Das Highlight
ASIATISCHER FONDUEZAUBER	122

Fondues, Raclette und heißer Stein

INHALT

TEIL 2: RACLETTE UND HEISSER STEIN

RACLETTE ODER HEISSER STEIN ODER BEIDES IN KOMBINATION? — 130

Lust auf Hochgenuß
KÖSTLICHES MIT FLEISCH & CO. — 134

Unübertroffene Gaumenfreuden
LECKERES MIT GEFLÜGEL — 158

Ein unschlagbarer Fang
EDLES MIT FISCH & CO. — 170

Knackige Ideen für Kenner
PFIFFIGES MIT GEMÜSE & CO. — 188

Mehr als nur dazu
RAFFINIERTE BEILAGEN — 214

Lauter tolle süße Sachen
VERFÜHRERISCHE DESSERTS — 236

Das Highlight
KARIBISCHER PARTYSPASS — 244

REZEPTVERZEICHNIS — 250

Teil 1

Fondues

SCHLEMMEN IN GESELLIGER RUNDE

Fondues – vielseitig und beliebt

Es ist nun mal das geselligste aller Essen: Man versammelt mindestens zwei, höchstens aber sechs nette Leute um den Tisch, speist gemeinsam aus einem Topf und widmet sich dabei ganz entspannt der Unterhaltung. Das schafft eine Atmosphäre der Behaglichkeit, die ein bißchen an Lagerfeuerromantik erinnert. Fondue ist aber auch das problemloseste aller Essen: Der Arbeitsaufwand ist minimal, selbst wenn man Saucen und Salate selbst zubereitet. Alle Zutaten stehen beim Essen fertig auf dem Tisch, und das Kochen ist dann jedermanns eigene Sache.

In diesem Buch finden Sie eine Vielzahl attraktiver Fonduerezepte für jeden Geschmack: Klassisches, Feines, Vegetarisches, Internationales und Süßes. Hinzu kommen viele Rezepte für Saucen und Beilagen sowie ein Extrakapitel, das zeigt, wie Sie eine rauschende Fondueparty feiern können. Lassen Sie sich überraschen! Ich bin sicher, auch Sie werden bald ein überzeugter Fonduefan sein.

Der richtige Fonduetopf

Der klassische Käsefonduetopf ist das Caquelon, ein spezieller Topf aus Keramik oder Steingut mit einem dicken Griff. Diese Materialien nehmen die Hitze langsam auf und geben sie sehr schonend an den Käse weiter. Erhitzen Sie in Steinguttöpfen aber niemals Fett oder Brühe, denn sie könnten durch die starke Hitze platzen. Ein Caquelon ist relativ flach und hat eine weite Öffnung. Für Fondueanfänger reicht aber auch ein emaillierter, gußeiserner Topf.
Für Fettfondues braucht man starke Hitze und daher einen Topf aus gut leitendem Material, wie z.B. aus feuerfestem Glas, Gußeisen, Kupfer, Edelstahl oder Stahlemaille. Kaufen Sie dabei unbedingt einen Topf mit Deckel, der beim Erhitzen aufgelegt werden kann. Manche Töpfe haben auch einen nach innen gebogenen Rand oder einen praktischen Spritzschutzeinsatz mit einer Aufhängevorrichtung für die Fonduegabeln. Der klassische Topf für Brühefondues ist der mongolische Feuertopf aus Kupfer, Messing oder Aluminium. Er hat in der Mitte einen Schornstein, unter dem ursprünglich ein Holzkohlefeuer glühte und die Brühe erhitzte. Heute gibt es aber auch Ausführungen mit einem Rechaud und solche, die elektrisch beheizt werden. Die Zutaten gibt man in kleine Fonduesiebe, die in den Feuertopf gehängt und dann gegart werden. Wer die Kosten für einen Feuertopf scheut, kann auch einen flachen, breiten Kochtopf oder einen kleinen Wok nehmen. Eventuell können Sie sich den Feuertopf auch bei Bekannten ausleihen.

Das geeignete Rechaud

Sozusagen die „Feuerstelle" für den Fonduetopf ist das Rechaud. Immer noch werden viele Geräte mit Spiritus beheizt. Sicherer ist aber eine geruchlos verbrennende Spezial-Brennpaste, die sich in Aluschälchen befindet, die man einfach in das Rechaud einsetzt. Ideal zu regulieren sind geruchlose Gasbrenner mit Butangas. Weniger romantisch, dafür aber sehr praktisch, sind Elektro-Fonduegeräte. Bei diesen kann man Temperaturen von 40 bis 250°C haargenau einstellen, z.B. 85°C für ein Käsefondue, 100°C für ein Brühefondue und 180°C für ein Fettfondue. Schwache Wärmequellen wie z.B. ein Butterwärmer oder ein Kerzenstövchen, sind für Fondues ungeeignet. Lediglich für das hitzeempfindliche Schokoladenfondue reicht ein mit Kerze beheiztes Stövchen aus.

EINLEITUNG

Weiteres Fonduezubehör

Unentbehrlich sind in der Regel lange Fonduegabeln. Wenn Sie nicht mehr als 4 Personen sind, sollten Sie für jeden Gast zwei Fonduegabeln auflegen, ansonsten nur eine. Für die Brühefondues und asiatischen Feuertöpfe eignen sich kleine Drahtsiebe mit einem langen Stiel.

Gegessen wird das Fondue immer mit normalem Besteck. Wer es ganz stilecht mag, legt zu den asiatischen Feuertöpfen noch Stäbchen bereit. Als Eßgeschirr werden spezielle Fondueteller angeboten, die Unterteilungen für die verschiedenen Saucen haben. Sie können aber auch ganz normale flache Teller nehmen. Außerdem sollten sie viele kleine Schälchen für die Saucen und Sauerkonserven sowie Platten und große Teller für die Fonduezutaten bereithalten.

Das Anrichten

Im Mittelpunkt des Interesses und natürlich auch des Tisches steht das Rechaud mit dem geeigneten Fonduetopf. Jeder sollte bequem an ihn gelangen können. Um den Topf werden dann die in den Rezepten beschriebenen Zutaten sowie die Saucen gruppiert. Nicht fehlen dürfen auch Gewürze, wie Salz, Pfeffer aus der Mühle, Rosenpaprika- und Chilipulver, sowie Körbchen mit Brot und natürlich auch Salate. Und noch etwas ganz Wichtiges zum Schluß: Decken Sie den Tisch eher rustikal ein, denn ein Fondue ist immer eine sehr ungezwungene Angelegenheit.

Auch wenn jeder Gast sein eigener Koch ist, sorgt ein kleiner Organisationsplan bei den Vorbereitungen dafür, daß Sie als Gastgeberin auch wirklich entspannt den Abend genießen können. So lassen sich z. B. viele

9

Saucen und einige Salate schon im voraus zubereiten. Auch Fleisch oder Geflügel kann einen Tag vorher angefroren und in Würfel oder Scheiben geschnitten werden. Ebenso können Sie Brühen schon einen Tag vorher kochen. Am Tag des großen Ereignisses sollten Sie dann nur noch frische Zutaten, wie Gemüse und Fisch, kleinschneiden, die Käsecreme rühren, das Brot schneiden und den Tisch decken.

Selbstgemachte Brühen

Wenn Sie genügend Zeit haben, lohnt es sich, die Brühe für Brühefondues selbst zu kochen. Sie können sie auch im voraus zubereiten und einfrieren. Hier zwei Rezepte für je 1 Liter Brühe. Benötigen Sie mehr, vervielfachen Sie die Zutaten- und Wassermengen einfach.

Rinderbrühe (ca. 1 Liter)
500 g Suppenfleisch
2–3 Markknochen
1 Bund Suppengrün
1 Zwiebel
einige Pfefferkörner, 1 Lorbeerblatt
2 Petersilienzweige, etwas Salz

1. Fleisch und Knochen kalt abspülen und mit 1½ Liter kaltem Wasser bedeckt zum Kochen bringen. Den sich dabei bildenden Schaum mehrfach abschöpfen.
2. Das Suppengrün putzen, waschen und kleinschneiden. Mit der ungeschälten Zwiebel, Pfefferkörnern, Lorbeerblatt und Petersilie zum Fleisch geben. Die Hitze reduzieren und alles im offenen Topf bei schwacher Hitze etwa 3 Stunden köcheln lassen.
3. Danach die Brühe durch ein Sieb gießen und mit wenig Salz abschmecken.
Sie bekommen eine leichte Hühnerbrühe, wenn Sie das Fleisch und die Knochen durch 1 Suppenhuhn ersetzen. Für eine Kalbsbrühe nehmen Sie 250 g Kalbfleisch, 2 bis 3 Kalbsknochen und 1 kleinen Kalbsfuß.

Gemüsebrühe (ca. 1 Liter)
500 g Weißkohl, 200 g Möhren
200 g Lauch, 100 g Zwiebeln
1 Petersilienwurzel
150 g Knollensellerie mit Blattgrün
½ TL Salz

1. Das Gemüse waschen, putzen und in sehr kleine Stücke schneiden. 1½ Liter Wasser mit dem Salz verrühren, das Gemüse hineingeben und dann alles zum Kochen bringen.
2. Auf schwache Hitze zurückschalten und die Brühe 1½ bis 2 Stunden köcheln lassen. Sie dann durch ein Sieb gießen und eventuell noch etwas nachsalzen.

Tips rund um das Fondue

◆ Fonduefett muß immer stark erhitzt werden, damit sich die Fleischporen rasch schließen.

◆ Öle, Fritierfett und Kokosfett können für 4 bis 5 Fondues benutzt werden. Sie müssen dann aber nach jedem Essen durch einen Kaffeefilter gegossen und dann kühl sowie dunkel aufbewahrt werden.

◆ Tauchen Sie niemals zu viele Gabeln gleichzeitig in den Topf mit dem heißen Fett, sonst sinkt dessen Temperatur zu stark.

◆ Fleisch, Geflügel und Fisch werden beim Fettfondue immer erst nach dem Garen gewürzt.

◆ Kaufen Sie den Käse für das Käsefondue möglichst an der Käsetheke oder im Fachgeschäft. Je reifer der Käse, desto intensiver ist sein Geschmack.

◆ Ziehen Sie für das Fondueessen nicht unbedingt Ihr teuerstes Outfit an, denn es kann trotz aller Vorsicht immer wieder mal spritzen. Eine große Serviette, nach Großväterart um den Hals geknüpft, sieht nicht nur zünftig aus, sondern schützt auch vor Flecken.

◆ Da der Inhalt des Fonduetopfes gefährlich heiß werden kann, sollten Sie das Fondueset nie unbeobachtet lassen. Vor allem wenn Kinder mitessen, ist Vorsicht geboten.

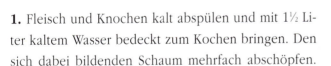

EINLEITUNG

Tips zu den Rezepten

Die Zeitangaben
Bei den Rezepten ist immer eine Arbeitszeit angegeben, die aussagt, wie lange Sie für die Zubereitung des Gerichts benötigen. Sonderzeiten, wie Zeiten zum Marinieren oder zum Anfrosten, sowie längere Garzeiten werden extra ausgewiesen und müssen zu den Arbeitszeiten hinzugerechnet werden. Bei vielen Rezepten empfiehlt es sich, während der längeren Ruhezeiten schon mit der Vorbereitung des Fondues fortzufahren. So können Sie zeitsparend arbeiten.

Die Portionsangaben
Alle Rezepte sind für 4 Personen berechnet.

Die Kalorienangaben
Sie beziehen sich immer auf 1 Portion des jeweiligen Gerichts.

Die Zutatenmengen
Diese beziehen sich immer auf die ungeputzte Rohware. Bei Stückangaben (z. B. 1 Möhre) wird von 1 Stück mittlerer Größe ausgegangen. Werden Mengen in Eßlöffeln oder Teelöffeln angegeben, so sind damit gestrichene Maße gemeint. Sollen die Löffel gehäuft sein, steht das ausdrücklich dabei.

Die Beilagentips
Hier werden Vorschläge für passende Saucen, Salate und andere Beilagen gemacht. Für die meisten dort genannten Gerichte finden Sie im Buch auch das Rezept.

Die Rezeptvariationen
Hier erhalten Sie Anregungen, wie Sie das Gericht einmal ganz anders zubereiten können.

Die praktischen Tips
Unter dieser Rubrik finden Sie Informationen zur Küchenpraxis, zu Einkauf und Lagerung sowie zur Warenkunde. In den Kapiteln „Saucen" und „Beilagen" wird dort auch beschrieben, zu welchen Fondues die Gerichte besonders gut passen.

Die Getränketips
Hier werden Hinweise gegeben, welche Getränke gut mit dem Gericht harmonieren. Neben den in der Regel dort angegebenen alkoholischen Getränken sollten Sie aber auch immer Alkoholfreies (z. B. Mineralwasser und Obstsäfte) bereitstellen.

Die Abkürzungen
TL	=	Teelöffel (gestrichen)
EL	=	Eßlöffel (gestrichen)
g	=	Gramm (1000 g = 1 kg)
kg	=	Kilogramm
ml	=	Milliliter (1000 ml = 1 l)
l	=	Liter
kcal	=	Kilokalorien
ca.	=	circa
°C	=	Grad Celsius
TK-…	=	Tiefkühl…

FONDUE BOURGUIGNONNE

Infoblock

- Arbeitszeit: ca. 30 Minuten
- 4 Portionen
- ca. 350 kcal je Portion

Zutaten

800 g Rinderfilet
1 Glas Pfeffergurken
(190 g Abtropfgewicht)
1 Glas Perlzwiebeln
(190 g Abtropfgewicht)
1 Glas Mixed Pickles
(220 g Abtropfgewicht)
Salz
schwarzer Pfeffer aus der Mühle
¾ l Sonnenblumenöl

GETRÄNKETIPS

Zum Fondue bourguignonne paßt ein trockener Rotwein sehr gut, z. B. junger Beaujolais, Chianti Classico, Trollinger oder ein spanischer Rioja.

1 Das Fleisch von Haut- und Sehnenresten befreien, waschen, trockentupfen und in knapp 3 cm große Würfel schneiden. Diese auf einer Platte anrichten.

2 Pfeffergurken, Perlzwiebeln und Mixed Pickles getrennt abtropfen lassen und in verschiedene Schälchen füllen. Diese zusammen mit den Fleischwürfeln sowie mit Salz- und Pfeffermühle auf den Tisch stellen.

3 Das Öl in einem Fonduetopf auf der Herdplatte fast rauchheiß werden lassen (das ist der Moment, in dem das Fett ganz still wird und eben zu rauchen beginnt). Danach den Fonduetopf auf das sehr heiße Rechaud stellen.

4 Jeweils 1 Fleischstück mit der Fonduegabel aufspießen, ins heiße Fett tauchen und darin nach Geschmack blutig, rosig oder durch braten. Das Fleisch anschließend salzen und mit Pfeffer übermahlen.

BEILAGENTIPS

Dazu passen Baguette, der Bunte Blattsalat (Seite 110), der Radieschen-Sprossen-Salat (Seite 115), oder die Süßsauren Kohlrollen (Seite 120) sowie Kiwichutney (Seite 99), Tatarensauce (Seite 103) und Mangodip (Seite 97).

REZEPTVARIATIONEN

◆ Statt Rinderfilet können Sie auch Roastbeef, Lamm- oder Schweinefilet sowie Hähnchenbrustfilet oder Putenschnitzel nehmen. Sehr gut schmeckt auch eine Kombination aus Rind-, Schweine- und Geflügelfleisch.

◆ Wer möchte, kann das Fleisch am Vortag des Menüs marinieren. Dafür die Fleischwürfel in eine mit 100 g Zwiebelringen ausgelegte flache Schale geben und mit 6 bis 8 Eßlöffeln Öl begießen. 1 Bund gehackten Majoran und 1 Eßlöffel eingelegte grüne Pfefferkörner darüberstreuen und alles mit Zwiebelringen abdecken. Das Fleisch zugedeckt über Nacht im Kühlschrank marinieren. Am nächsten Tag die Gewürze vom Fleisch abstreifen.

PRAKTISCHER TIP

Preiswerter wird das Fondue, wenn Sie die Hälfte des Rinderfilets durch Schweineschnitzelfleisch ersetzen. Dieses in etwa 2 cm große Würfel schneiden.

KLASSISCHE FONDUES

NEUENBURGER KÄSEFONDUE

Infoblock

- Arbeitszeit: ca. 35 Minuten
- 4 Portionen
- ca. 840 kcal je Portion

Zutaten

12 Scheiben Kastenweißbrot
400 g Greyerzer
200 g Emmentaler
1 Knoblauchzehe
300 ml trockener Weißwein (am besten Neuenburger oder Fendant)
1 EL Zitronensaft
2 TL Speisestärke
4 cl Kirschwasser
etwas geriebene Muskatnuß
etwas weißer Pfeffer aus der Mühle

1 Das Weißbrot in mundgerechte Würfel schneiden, auf einer Platte anrichten und auf den Tisch stellen. Die beiden Käsesorten grob reiben und in einer Schüssel mischen. Die Knoblauchzehe schälen und halbieren. Das Caquelon mit den Schnittflächen der Knoblauchzehe sorgfältig ausreiben.

2 Wein und Zitronensaft in das Caquelon gießen und auf dem Herd zum Kochen bringen. Danach die Hitze reduzieren. Den Käse jeweils in kleinen Portionen in die Flüssigkeit geben und darin unter fortwährendem Rühren bei milder Hitze schmelzen lassen.

3 Die Speisestärke mit dem Kirschwasser verrühren und in die Käsecreme geben. Diese unter Rühren (am besten in Form einer Acht) aufkochen lassen und so lange weiterkochen, bis sie sehr sämig ist. Das Käsefondue mit Muskatnuß und Pfeffer abschmecken. Das Caquelon auf das heiße Rechaud stellen. Das Käsefondue sollte während des Essens ständig leise vor sich hin brodeln.

4 Die Brotwürfel auf die Fonduegabeln spießen, in die Käsemasse tauchen und mit einem leichten Drehen der Gabel herausnehmen, damit der Käse nicht tropft. Ganz wichtig: Die Käsecreme beim Broteintauchen jedesmal gut umrühren, damit sie sämig bleibt.

BEILAGENTIPS

Zum Käsefondue passen das Englische Senfgemüse (Seite 118), sauer eingelegte Perlzwiebeln und eingelegte Paprikaschoten.

REZEPTVARIATIONEN

- **Das Fondue läßt sich geschmacklich noch verfeinern:** Geben Sie 2 Eßlöffel frisch gehackte Kräuter (z. B. Estragon) dazu, und rühren Sie statt des Kirschwassers 2 Eßlöffel Wermut darunter.
- **Zusätzlich zu den Brotwürfeln können Sie auch Bananenscheiben oder kleine Frikadellen in das Käsefondue tauchen.**

GETRÄNKETIP

Zum Käsefondue paßt am besten der Weißwein, den man zur Zubereitung der Käsecreme genommen hat.

KLASSISCHE FONDUES

MONGOLISCHER FEUERTOPF

Infoblock

- Ruhezeiten: ca. 60 Minuten
- Arbeitszeit: ca. 1¼ Stunden
- 4 Portionen
- ca. 830 kcal je Portion

Zutaten

Für das Fondue

1 kg Lammfleisch aus
der Keule
20 g getrocknete
Mu-Err-Pilze
100 g Glasnudeln
200 g Chinakohl
2 Stangen Bleichsellerie
2 Fenchelknollen
250 g Champignons
1 l Hühnerbrühe (Seite 10)
1 Stück frischer Ingwer,
ca. 4 cm lang
1 Bund Petersilie, gehackt

Für die Sauce

10 EL Sojasauce
1 EL Reiswein
2 EL Erdnußbutter
1 TL Zucker
½ TL Sambal oelek

1 Das Fleisch in einen Gefrierbeutel geben und für etwa 1 Stunde in das Gefrierfach legen. Die Mu-Err-Pilze mit kochendem Wasser übergießen und etwa 20 Minuten quellen lassen, dann abgießen. Die Glasnudeln ebenfalls mit kochendem Wasser übergießen und etwa 10 Minuten quellen lassen, dann abgießen.

2 Inzwischen das Gemüse putzen und waschen. Den Chinakohl in Streifen, den Bleichsellerie in feine Scheiben und den Fenchel in dünne Stifte schneiden. Die Champignons kurz waschen, putzen und in Scheiben schneiden.

3 Das Gemüse und die Champignons zusammen mit den abgetropften Pilzen und den Glasnudeln auf einer großen Platte anrichten. Das Fleisch aus dem Gefrierfach nehmen und am besten mit dem elektrischen Küchenmesser oder mit dem Allesschneider in hauchdünne Scheiben schneiden. Diese sich leicht überlappend auf eine Platte legen.

4 Die Brühe in einem Topf auf der Herdplatte zum Kochen bringen. Den Ingwer schälen, in hauchdünne Scheiben schneiden und zusammen mit der Petersilie in die Brühe geben. Diese etwa 5 Minuten köcheln lassen.

In einem zweiten Topf Sojasauce und Reiswein zusammen erhitzen. Erdnußbutter, Zucker und Sambal oelek dazugeben und die Butter unter Rühren schmelzen lassen. Die Würzsauce in 4 Schälchen füllen.

5 Die Brühe in den Feuertopf gießen und ihn auf das heiße Rechaud stellen. Die Platten mit dem Gemüse und dem Fleisch zusammen mit den Saucenschälchen auf den Tisch stellen.

6 Jeder gart sich seine Zutaten mit Hilfe von Fonduespießchen oder -sieben in der Brühe und taucht sie dann in die Würzsauce. Die Brühe wird zum Abschluß des Essens in Suppentassen serviert.

BEILAGENTIPS

Zu dem Fondue passen körniger Reis, Senfgurken und Chilisauce oder asiatische süß-saure Sauce (Fertigprodukte).

GETRÄNKETIPS

Grüner Tee oder ein herbes Bier passen sehr gut zu diesem Fondue.

KLASSISCHE FONDUES

REZEPTVARIATIONEN

◆ Ersetzen Sie die Champignons durch die gleiche Menge frischer Shiitakepilze und den Chinakohl durch die gleiche Menge Blattspinat.
◆ Wickeln Sie die gegarten Zutaten zum Verzehr in chinesische Pfannkuchen ein (Rezept siehe „Feuertopf mit dreierlei Geflügel" – Rezeptvariation, Seite 30).

PRAKTISCHE TIPS

◆ Nehmen Sie sich für die Vorbereitung des Fondues ausreichend Zeit, denn die Zutaten müssen in sehr kleine Stücke geschnitten werden.
◆ Statt des Feuertopfes können Sie selbstverständlich auch einen normalen großen Fonduetopf nehmen.

FONDUTA

Infoblock

◆ Zeit zum Einlegen: 3–4 Stunden
◆ Arbeitszeit: ca. 45 Minuten
◆ 4 Portionen
◆ ca. 1180 kcal je Portion

Zutaten

300 g Provolone
(italienischer Hartkäse)
300 g Gorgonzola
350 ml Milch
750 g Baguette
250 g kleine Champignons
2 EL Zitronensaft
3 Eigelb
2 EL Butter
schwarzer Pfeffer aus der Mühle

GETRÄNKETIPS

Zum herzhaften Käsefondue paßt ein trockener italienischer Weißwein (z. B. Soave oder Frascati) sehr gut. Wer es alkoholfrei mag, serviert schwarzen Tee zum Fondue.

1 Den Provolone und den Gorgonzola in sehr kleine Würfel schneiden, zusammen in eine Schüssel geben und mit der Milch begießen. Diese Mischung für 3 bis 4 Stunden kühl stellen.

2 Danach das Baguette in mundgerechte Stücke schneiden und auf einer großen Platte anrichten. Die Champignons kurz waschen, putzen und mit dem Zitronensaft beträufeln, damit sie nicht braun werden. Die Pilze in einer Schale oder auf einer Platte anrichten. Die vorbereiteten Zutaten auf den eingedeckten Tisch stellen.

3 Die eingeweichte Käsemischung in ein Caquelon geben und den Käse auf der Herdplatte bei sanfter Hitze unter ständigem Rühren schmelzen lassen. Die Eigelbe sehr gründlich miteinander verquirlen. Etwas von der heißen Käsecreme hineinrühren und diese Mischung unter kräftigem Rühren zurück in die nicht mehr kochende Käsecreme gießen.

4 Die Butter in einem Topf zerlassen und ebenfalls unter die Käsecreme rühren. Alles nochmals erhitzen, aber nicht mehr kochen lassen, sonst gerinnen die Eigelbe. Das Käsefondue mit schwarzem Pfeffer kräftig abschmecken.

5 Das Caquelon auf ein Kerzenrechaud stellen. Die Brotwürfel und die Champignons auf die Fonduegabeln stecken und durch die Käsemasse ziehen.

BEILAGENTIPS

Zu der Fonduta passen der Fenchelsalat mit Orangen (Seite 112) sowie Mixed Pickles und geraspelter Rettich sehr gut.

REZEPTVARIATIONEN

◆ Wenn Sie die Fonduta ganz klassisch zubereiten möchten, nehmen Sie anstelle des Provolone und des Gorgonzolas milden Fontina (italienischer Schnittkäse aus Rohmilch). Hobeln Sie dann noch 1 weiße Trüffel hauchdünn über das Käsefondue.

◆ Noch herzhafter wird die Fonduta, wenn Sie statt der zerlassenen Butter 1 Schnapsgläschen (2 cl) Grappa (italienischer Branntwein aus Weintrestern) unter die Käsecreme rühren.

PRAKTISCHER TIP

Sollte die Fonduta nach dem Schmelzen des Käses zu dünnflüssig sein, rühren Sie 1 bis 2 Teelöffel mit kaltem Wasser angerührte Speisestärke darunter. Geben Sie dann erst die Eier dazu.

KLASSISCHE FONDUES

TEMPURA

Infoblock

- Arbeitszeit: ca. 45 Minuten
- 4 Portionen
- ca. 510 kcal je Portion

Zutaten

Für das Fondue

1 kleine Aubergine
1 kleiner Kohlrabi
etwas Mehl zum Bestäuben
1 Stange Lauch
2 große Möhren
100 g Champignons
2 EL Zitronensaft
300 g Rotbarschfilet
3 Wasserkastanien aus der Dose
300 g ausgelöste große Garnelen
1 l Maiskeimöl

Für den Teig

½ l Eiswasser
1 Msp. Natron
1 Eigelb
250 g Mehl

GETRÄNKETIPS

Zu den fritierten Köstlichkeiten paßt ein spritziger Riesling, ein weißer Burgunder oder auch ein Pinot Grigio (milder italienischer Weißwein) sehr gut.

1. Die Aubergine waschen, trockentupfen, putzen, der Länge nach vierteln und quer in Scheiben schneiden. Den Kohlrabi schälen, putzen und ebenfalls in dünne Scheiben schneiden. Beides zusammen auf einer Platte dekorativ anrichten und mit etwas Mehl bestäuben.

2. Den Lauch putzen, waschen und schräg in 1 cm breite Ringe schneiden. Die Möhren putzen, schälen und in Scheiben schneiden. Die Champignons kurz waschen, in Scheiben schneiden und sofort mit dem Zitronensaft beträufeln. Das Gemüse und die Pilze zusammen auf einer Platte anrichten.

3. Das Fischfilet unter kaltem Wasser abspülen, trockentupfen und in mundgerechte Würfel schneiden. Die Wasserkastanien abtropfen lassen, eventuell in Würfel schneiden und zusammen mit den Garnelen und dem Fisch auf einer Platte dekorativ anrichten.

4. Für den Teig das Eiswasser mit dem Natron und dem Eigelb verquirlen. Dann das Mehl mit dem Handrührgerät rasch darunterrühren. Der Teig muß so flüssig sein, daß er vom Löffel fließt.

5. Das Öl im Fonduetopf auf dem Herd auf etwa 175°C erhitzen. Die Temperatur ist erreicht, wenn sich um einen Holzlöffel, den Sie ins Fett halten, kleine Bläschen bilden. Den Fonduetopf auf das sehr heiße Rechaud stellen. Den Teig sowie die Zutaten auf den Platten ringsherum anrichten.

6. Die Zutaten einzeln auf Fonduegabeln stecken, durch den Teig ziehen und im siedenden Fett etwa 2 Minuten garen. Dann die Fonduehäppchen abtropfen lassen.

BEILAGENTIPS

Zu der Tempura serviert man am besten körnigen Reis oder Baguette, den Brokkolisalat (Seite 108), die Paprikacreme (Seite 94), die Avocadosauce (Seite 107) und Zitronenspalten.

PRAKTISCHE TIPS

- Für dieses Fondue benötigen Sie ein großes, leistungsfähiges Rechaud, denn das Fett muß zum Ausbacken immer ausreichend heiß sein. Falls Sie kein solches Rechaud besitzen, können Sie auch eine Elektrokochplatte nehmen.
- Damit der Teig schön kühl bleibt, stellen Sie die Schüssel am besten in eine Schale mit Eiswürfel.

KLASSISCHE FONDUES

21

FONDUE CHINOISE

Infoblock

- Gefrierzeit: ca. 45 Minuten
- Arbeitszeit: ca. 50 Minuten
- 4 Portionen
- ca. 530 kcal je Portion

Zutaten

Für das Fondue

300 g Hähnchenbrustfilet
300 g Kalbsfilet
300 g Schweinefilet
1 große Möhre
1 kleine Stange Lauch
40 g Bleichsellerie
1 Stück frischer Ingwer, 4 cm lang
½ Stengel Zitronengras
250 g Spinat
250 g Frühlingszwiebeln
1–2 l Hühnerbrühe (Seite 10)
3 EL trockener Sherry

Für die Sauce

8 EL Sojasauce
4 sehr frische Eigelbe

GETRÄNKETIPS

Zu diesem leichten Fondue paßt ein trockener Weißwein oder ein kühles, herbes Pils sehr gut.

1 Alle Fleischsorten getrennt in Gefrierbeutel geben und im Tiefkühlgerät etwa 45 Minuten anfrosten. Das Fleisch danach am besten mit dem elektrischen Messer oder mit dem Allesschneider in hauchdünne Scheiben schneiden und diese sich leicht überlappend auf einer Platte anrichten.

2 Inzwischen Möhre, Lauch und Sellerie putzen, waschen, gegebenenfalls schälen und in sehr feine Stifte schneiden. Den Ingwer schälen und fein hacken. Das Zitronengras waschen und ebenfalls fein hacken. Den Spinat und die Frühlingszwiebeln putzen, waschen und beides zusammen auf einer Platte anrichten.

3 Die Hühnerbrühe im Fonduetopf auf dem Herd aufkochen lassen. Möhre, Lauch, Sellerie, Ingwer und Zitronengras hineingeben und alles etwa 10 Minuten köcheln lassen. Die Brühe mit dem Sherry abschmecken.

4 Den Fonduetopf auf das heiße Rechaud stellen. Die Sojasauce auf 4 Schälchen verteilen, mit je 1 Eigelb verquirlen und zusammen mit den vorbereiteten Platten auf den Tisch stellen.

5 Die Zutaten portionsweise in Fonduesiebe geben oder auf Fonduegabeln stecken und in der heißen Brühe garen. Die Häppchen anschließend in die mit Eigelb verquirlte Sojasauce tauchen.

BEILAGENTIPS

Zum chinesischen Fondue passen körniger Reis (400 g Rohgewicht) oder frisches Baguette, sauer eingelegte Maiskölbchen, der Mangodip (Seite 97), die Feurige Zwiebelsauce (Seite 93), das Kiwichutney (Seite 99) und Austernsauce (gibt es in Asien- oder Feinkostgeschäften).

REZEPTVARIATION

Wenn Sie kein Zitronengras bekommen können, nehmen Sie statt dessen 1 Stückchen Schale von einer unbehandelten Zitrone.

PRAKTISCHE TIPS

◆ Geben Sie zum Abschluß des Fondues die restliche mit Eigelb verquirlte Sojasauce in die Brühe, und servieren Sie diese in Suppentassen.

◆ Wenn Sie das Fondue original chinesisch zubereiten möchten, dann nehmen Sie statt des Fonduetopfes einen Feuertopf. Alternativ dazu geht auch ein kleiner Wok.

KLASSISCHE FONDUES

CHAMPAGNERFONDUE

Infoblock

- Gefrierzeit: ca. 40 Minuten
- Arbeitszeit: ca. 40 Minuten
- Garzeit: ca. 3 Stunden
- 4 Portionen
- ca. 420 kcal je Portion

Zutaten

1 Bund Suppengrün
1 Zwiebel
1 kg Kalbsknochen
1 Lorbeerblatt
2 Gewürznelken
1 TL schwarze Pfefferkörner
250 g Tartar
200 g Rinderfilet
200 g Lammfilet
200 g Putenbrustfilet
1 Flasche (0,7 l) Champagner oder trockener Sekt

GETRÄNKETIPS

Ein gut gekühlter trockener Champagner oder Sekt unterstreicht das feine Aroma des Fondues besonders gut.

1 Das Suppengrün putzen, waschen und in grobe Stücke schneiden. Die Zwiebel schälen und vierteln. Die Kalbsknochen unter kaltem Wasser abspülen und zusammen mit Suppengrün, Zwiebel, Lorbeerblatt, Nelken, Pfefferkörnern und 1½ l Wasser aufkochen lassen. Die Brühe etwa 2 Stunden köcheln lassen, dabei aufsteigenden Schaum mit der Schöpfkelle mehrmals entfernen.

2 Anschließend die Brühe durch ein Sieb gießen, abkühlen lassen und entfetten (siehe dazu den praktischen Tip). Dann die Brühe nochmals erhitzen. Tatar dazugeben und alles weitere 60 Minuten ohne Deckel kochen lassen. Die Brühe sollte dabei auf etwa ½ l einkochen.

3 Inzwischen die Fleischstücke in Gefrierbeutel geben und für etwa 40 Minuten in das Gefrierfach legen. Das Fleisch danach am besten mit einem elektrischen Messer oder mit dem Allesschneider in hauchdünne Scheiben schneiden und diese sich leicht überlappend auf einer großen Platte dekorativ anrichten.

4 Die eingekochte Brühe durch ein Sieb in den Fonduetopf geben. Erst kurz vor Beginn des Essens den Champagner oder den Sekt dazugießen, alles vorsichtig aufkochen lassen und den Topf auf das heiße Rechaud stellen.

5 Die Fleischplatte auf den Tisch stellen. Jeder spießt nun etwas Fleisch auf die Fonduegabeln und gart es im Champagnersud.

BEILAGENTIPS

Zum feinen Champagnerfondue passen der Chinakohl-Mandarinen-Salat (Seite 116), die Bananen-Curry-Sauce (Seite 90), das Kiwichutney (Seite 99), der Limettendip (Seite 100) und frisches Baguette.

REZEPTVARIATION

Die Brühe erhält eine etwas fruchtigere Note, wenn Sie den Champagner durch die gleiche Menge an roséfarbenem Sekt oder durch Rosé ersetzen.

FEINSCHMECKERFONDUES

PRAKTISCHE TIPS

◆ Es gibt weitere Möglichkeiten, eine Brühe zu entfetten. Zum einen können Sie das obenschwimmende Fett mit Küchenkrepp oder einer Kaffeefiltertüte absaugen. Zum anderen kann man auch Eiswürfel in ein Tuch einwickeln und dieses auf die Oberfläche der Brühe halten. Das Fett bleibt dann am Tuch hängen.

Wer viel Zeit hat, läßt die Brühe abkühlen und hebt das erstarrte Fett dann vorsichtig ab.

◆ Wenn es ganz schnell gehen soll, können Sie die selbstgekochte Brühe auch durch eine gute Instant-Fleischbrühe ersetzen. Bereiten Sie diese aber nur mit der Hälfte der auf der Packung angegebenen Pulvermenge zu, denn durch das spätere Garen der Zutaten wird die Brühe kräftig genug.

WINZERFONDUE

Infoblock

◆ Gefrierzeit: ca. 40 Minuten
◆ Arbeitszeit: ca. 35 Minuten
◆ 4 Portionen
◆ ca. 490 kcal je Portion

Zutaten

800 g Kalbsfilet
1½ l trockener Pfälzer Weißwein
1 TL Zucker
12 Korianderkörner
1 Zimtstange
5 Pimentkörner
je 5 weiße und schwarze Pfefferkörner

GETRÄNKETIP

Zu diesem Fondue paßt am besten der Wein, den man für die Herstellung des Suds genommen hat: ein trockener Pfälzer Wein.

1 Das Fleisch in einen Gefrierbeutel geben und etwa 40 Minuten im Tiefkühlgerät anfrosten. Es danach am besten mit einem elektrischen Messer oder mit einem Allesschneider quer zur Faser in hauchdünne Scheiben schneiden. Diese auf einer großen Platte anrichten.

2 Den Wein zusammen mit dem Zucker in einem Fonduetopf auf dem Herd erhitzen. Den Koriander zusammen mit der Zimtstange, den Piment- und den grob zerkleinerten Pfefferkörnern auf ein kleines Mulltuch legen und dieses mit einem Faden zu einem Säckchen zusammenbinden.

3 Das Gewürzsäckchen in den Wein hängen, diesen zum Kochen bringen und etwa 10 Minuten köcheln lassen. Dann das Gewürzsäckchen entfernen.

4 Den Fonduetopf auf das heiße Rechaud stellen. Die Fleischscheiben einzeln auf Fonduegabeln spießen und 1 bis 2 Minuten in dem köchelnden Wein garen.

BEILAGENTIPS

Zum Winzerfondue passen der Fenchelsalat mit Orangen (Seite 112), der Auberginen-Paprika-Salat (Seite 114), die Tomaten-Joghurt-Sauce (Seite 101), die Cumberlandsauce (Seite 105), das Pflaumenketchup (Seite 106), geraspelte Radieschen und Gurken sowie Baguette.

REZEPTVARIATION

Statt des Kalbsfilets können Sie auch einmal eine Kombination aus Kalbsfilet, Kalbsbries und Steinpilzen nehmen. Dabei rechnet man je 400 g Filet und Bries sowie 250 g frische Steinpilze. Das Kalbsbries müssen Sie vor der Zubereitung etwa 2 Stunden wässern und es anschließend etwa 3 Minuten in Salzwasser blanchieren, bevor Sie es anfrosten und dann in Scheiben schneiden. Die Pilze werden kurz gewaschen, trockengetupft und geviertelt. Damit sie nicht braun werden, sollte man sie mit etwas Zitronensaft beträufeln.

FEINSCHMECKERFONDUES

KNUSPRIGES HACKFLEISCHFONDUE

Infoblock

◆ Arbeitszeit: ca. 50 Minuten
◆ 4 Portionen
◆ ca. 760 kcal je Portion

Zutaten

1½ Brötchen vom Vortag
4 Schalotten
1 Bund krause Petersilie
750 g gemischtes Hackfleisch
2 EL Rôtisseursenf
(körniger Senf)
1 Ei
eventuell Semmelbrösel
etwas Salz
schwarzer Pfeffer aus der
Mühle
etwas Paprikapulver
edelsüß
40 g Paprikachips
einige Salatblätter zum
Garnieren
1 l Erdnußöl

1 Die Brötchen kurz in lauwarmem Wasser quellen lassen. Inzwischen die Schalotten schälen und sehr fein hacken. Die Petersilie kalt abspülen und ebenfalls sehr fein hacken.

2 Das Hackfleisch zusammen mit Schalottenwürfeln, Senf, Ei, Petersilie in eine Schüssel geben. Die Brötchen sorgfältig ausdrücken und hinzufügen. Alles mit den Händen oder mit dem Knethaken des elektrischen Handrührgerätes zu einem geschmeidigen Teig verarbeiten. Ist der Teig zu weich, eventuell etwas Semmelbrösel darunterkneten. Zuletzt den Teig mit Salz, Pfeffer und Paprikapulver abschmecken.

3 Die Paprikachips mit den Händen zerbröseln. Aus dem Fleischteig mit feuchten Händen kleine Bällchen formen. Diese in den zerbröselten Chips wälzen und dann nebeneinander auf einer mit den Salatblättern ausgelegten Platte anrichten. Die Platte auf den Tisch stellen.

4 Das Öl in einem Fonduetopf auf dem Herd erhitzen und dann auf das heiße Rechaud stellen. Die Hackbällchen einzeln mit den Fonduegabeln aufspießen und im Öl knusprig goldbraun braten.

BEILAGENTIPS

Zu den knusprigen Hackbällchen passen Schaschlik- oder Chilisauce, Aioli (kann man fertig kaufen), die Paprikacreme (Seite 94), die Pariser Kräutersauce (Seite 96) und das Gemüserelish (Seite 98) sowie der Auberginen-Paprika-Salat (Seite 114) und der Radieschen-Sprossen-Salat (Seite 115) sehr gut.

REZEPTVARIATIONEN

◆ Noch pikanter werden die Hackbällchen, wenn Sie sie mit kleinen entsteinten Oliven oder mit Feta-Würfeln füllen. Dafür in die Bällchen jeweils eine Mulde drücken, die Füllung hineingeben, den Fleischteig darüber schließen und alles wieder zu einer Kugel formen.

◆ Wer möchte, kann die Hackbällchen vor dem Braten in kurz blanchierte Salat- oder Spinatblätter einwickeln.

FEINSCHMECKERFONDUES

PRAKTISCHER TIP

Abgefallene Chipsstückchen sollten Sie während des Fondues immer wieder mit einem kleinen Sieb aus dem Öl herausfischen, denn sonst verbrennen sie und machen das Öl bitter.

GETRÄNKETIPS

Ein herbes Pils oder ein leichter Rosé passen geschmacklich sehr gut zu diesem Fondue.

FEUERTOPF MIT DREIERLEI GEFLÜGEL

Infoblock

- Arbeitszeit: ca. 35 Minuten
- 4 Portionen
- ca. 460 kcal je Portion

Zutaten

1 Entenbrust ohne Knochen, aber mit Haut (ca. 300 g)
300 g Putenschnitzel
300 g Hähnchenbrustfilet
250 g Blattspinat
1 rote Paprikaschote
1½ l Hühnerbrühe (Seite 10)
½ l Reiswein
4 EL Sojasauce

1 Das Geflügelfleisch waschen und trockentupfen. Die Entenbrust eventuell von der Haut befreien und dann in möglichst dünne Scheiben schneiden. Das Putenfleisch kleinwürfeln, die Hähnchenbrust in Streifen schneiden. Das Geflügelfleisch auf einer großen Platte dekorativ anrichten.

2 Den Blattspinat verlesen, mehrmals gründlich waschen und gut abtropfen lassen. Die Paprikaschote halbieren, putzen, entkernen, waschen und in feine Streifen schneiden. Das Gemüse auf einer zweiten Platte anrichten.

3 Die Hühnerbrühe zusammen mit dem Reiswein in einem Topf auf dem Herd zum Kochen bringen, dann die Sojasauce hineinrühren. Die Brühe in den Feuertopf umfüllen und diesen auf das heiße Rechaud stellen. Die vorbereiteten Platten daneben plazieren.

4 Das Geflügelfleisch und die Gemüsestücke in der Brühe garen und mit Fonduesieben herausfischen. Zum Abschluß des Fondues die Brühe eventuell noch mit Sojasauce nachwürzen und dann in Suppentassen servieren.

BEILAGENTIPS

Zu diesem leichten Fondue passen körnig gekochter Reis oder Fladenbrot, die Zwiebelsauce (Seite 93), der Limettendip (Seite 100) und die Bananen-Curry-Sauce (Seite 92).

REZEPTVARIATION

Servieren Sie zum Fondue chinesische Pfannkuchen. Diese sollten Sie vor dem Essen zubereiten und dann zugedeckt warm stellen. Und so geht's: 250 g Mehl mit ⅛ l kaltem Wasser und ¼ Teelöffel Salz verrühren und den Teig etwa 60 Minuten zugedeckt ruhen lassen. Den Teig dann in 8 bis 12 Portionen teilen, auf wenig Mehl zu etwa 10 cm großen Fladen ausrollen und diese in der Pfanne in Sesamöl auf jeder Seite etwa 1 Minute braten. Man wickelt die gegarten Fonduezutaten in die Pfannkuchen ein und ißt diese dann.

GETRÄNKETIPS

Zu diesem Fondue paßt am besten ein kühles Bier. Aber auch grüner Tee oder ein leichter Rosé schmeckt gut dazu.

FEINSCHMECKERFONDUES

PUTEN-OBST-FONDUE

Infoblock

- Quellzeit: ca. 30 Minuten
- Arbeitszeit: ca. 45 Minuten
- 4 Portionen
- ca. 610 kcal je Portion

Zutaten

Für den Teig

2 Eier
80 g Mehl
2 EL Speisestärke
50 ml trockener Sherry
100 ml Marsala
etwas Salz
etwas Zitronenpfeffer

Für das Fondue

600 g Putenschnitzel
1 mittelgroße Ananas
4 Clementinen
200 g blaue Weintrauben
1 l Erdnuß- oder Sojaöl

GETRÄNKETIP

Zu diesem fruchtigen Fondue paßt ein Weißwein sehr gut, z. B. ein Sancerre oder ein Entre-Deux-Mers.

---

1 Die Eier mit Mehl, Speisestärke, Sherry und Marsala zu einem Teig verquirlen. Den Teig mit Salz und Zitronenpfeffer abschmecken und etwa ½ Stunde quellen lassen.

2 Inzwischen das Putenfleisch in mundgerechte Würfel schneiden und auf einer Platte anrichten. Die Ananas schälen und putzen. Sie dann in Scheiben und diese in mundgerechte Stücke schneiden. Die Clementinen schälen und in die Filets zerteilen. Die Weintrauben waschen, trockentupfen und die Trauben von den Stielen zupfen. Das Obst zusammen auf einer großen Platte anrichten.

3 Den Teig auf 4 Portionsschälchen verteilen und diese zusammen mit den angerichteten Platten auf den Tisch stellen. Das Öl im Fonduetopf auf dem Herd auf etwa 175°C erhitzen und danach auf das heiße Rechaud stellen.

4 Jeweils 1 Stück Putenschnitzel zusammen mit beliebigen Früchten auf die Fonduegabeln spießen, durch den Teig ziehen und danach im heißen Öl goldgelb backen. Vorsicht, der fruchtige Bissen ist sehr heiß!

BEILAGENTIPS

Zu diesem Fondue passen Bananen-Curry-Sauce (Seite 92), die Cumberlandsauce (Seite 105), Preiselbeeren aus dem Glas, Dosenfrüchte, wie Aprikosen oder Pfirsiche, und frisches Weißbrot sehr gut.

REZEPTVARIATION

Bei der Wahl der Obstsorten sind Ihrer Phantasie bei diesem Fondue keine Grenzen gesetzt. Sehr gut passen z. B. auch Melonenwürfel, Bananenscheiben oder Orangenspalten.

PRAKTISCHER TIP

Wenn es schnell gehen soll, können Sie für dieses Fondue auch Früchte aus der Dose nehmen. Wir rechnen dabei etwa 10 Ananasscheiben, 10 Aprikosenhälften und 200 g Mandarinenfilets für 4 Portionen.

FEINSCHMECKERFONDUES

MOZZARELLA-SCHINKEN-FONDUE

Infoblock

◆ **Gefrierzeit: ca. 45 Minuten**
◆ **Arbeitszeit: ca. 50 Minuten**
◆ **4 Portionen**
◆ **ca. 610 kcal je Portion**

Zutaten

**600 g Kalbsschnitzelfleisch
am Stück aus der Keule
250 g Kalbsleber
300 g Mozzarella
2 Bund Salbeiblätter
16 Cherrytomaten
150 g Parmaschinken
in Scheiben
etwas Salz
etwas weißer Pfeffer
1 l Maiskeimöl**

1 Das Fleisch in einen Gefrierbeutel geben und etwa 45 Minuten im Tiefkühlgerät anfrosten. Inzwischen die Mozzarella abtropfen lassen und in kleine Würfel schneiden. Die Salbeiblätter abzupfen, kalt abspülen und trockentupfen. Die Tomaten waschen und abtrocknen. Die Schinkenscheiben jeweils der Länge nach halbieren. Die so vorbereiteten Zutaten auf einer großen Pfanne anrichten.

2 Das angefrostete Fleisch am besten mit dem elektrischen Messer oder mit dem Allesschneider in hauchdünne Scheiben schneiden. Diese auf einer großen Platte anrichten und mit Salz und Pfeffer bestreuen. Die Kalbsleber abspülen, trockentupfen, in kleine Würfel schneiden und neben dem Fleisch anrichten.

3 Das Öl in einem Fonduetopf auf dem Herd erhitzen und dann auf das heiße Rechaud stellen. Die vorbereiteten Platten neben dem Fonduetopf anrichten.

4 Abwechselnd Fleisch oder Leber Salbeiblätter, Mozzarellawürfel, Parmaschinken und Tomaten auf lange Holzspieße stecken und alles im heißen Fett kurz braten.

BEILAGENTIPS

Zu diesem bunten Fondue passen der Bunte Blattsalat (Seite 110), das Basilikumpesto (Seite 95), die Tatarensauce (Seite 103) und die Paprikacreme (Seite 94) sowie Weißbrot.

REZEPTVARIATIONEN

◆ **Wenn Sie keine frischen Salbeiblätter bekommen, verrühren Sie 1 Teelöffel getrockneten Salbei mit 1–2 Eßlöffeln Öl, und bestreichen Sie die Fleischscheiben damit.**

◆ **Noch herzhafter wird das Fondue, wenn Sie die Hälfte der Mozzarella durch Gorgonzola ersetzen.**

◆ **Kalbfleisch und Kalbsleber lassen sich problemlos durch Putenbrust und Puten- oder Hähnchenleber ersetzen.**

FEINSCHMECKERFONDUES

PRAKTISCHE TIPS

◆ Bei diesem Fondue muß das Fett sehr heiß sein, damit der Käse nicht ungewollt schmilzt.

◆ Sollten Käsestückchen in das Fett fallen, diese sofort mit einem Sieb herausfischen, da sie sonst verbrennen.

GETRÄNKETIPS

Zu diesem Fondue mit italienischem Flair paßt ein italienischer Weißwein sehr gut, z. B. ein Frascati oder ein Orvieto Classico. Aber auch ein Rotwein eignet sich gut.

SPINAT-PUNSCH-FONDUE

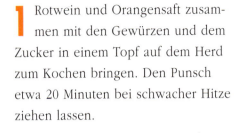

Infoblock

◆ Arbeitszeit: ca. 35 Minuten
◆ 4 Portionen
◆ ca. 580 kcal je Portion

Zutaten

½ l halbtrockener Rotwein, z. B. Marzemino
½ l Orangensaft
3 Pimentkörner
7 schwarze Pfefferkörner
1 Gewürznelke
7 Korianderkörner
½ Zimtstange
½ Lorbeerblatt
1–2 TL Zucker
300 g Blattspinat
etwas Salz
1 Bund Estragon
500 g Kalbsbratwurstbrät, ersatzweise Schweinebratwurstbrät
4–5 EL Sahne
etwas weißer Pfeffer
etwas geriebene Muskatnuß

1 Rotwein und Orangensaft zusammen mit den Gewürzen und dem Zucker in einem Topf auf dem Herd zum Kochen bringen. Den Punsch etwa 20 Minuten bei schwacher Hitze ziehen lassen.

2 In der Zwischenzeit den Spinat verlesen, gut waschen und in reichlich Salzwasser etwa 1 Minute blanchieren. Die Blätter mit eiskaltem Wasser abschrecken, sorgfältig abtropfen lassen und nebeneinander auf eine dicke Lage Küchenkrepp legen.

3 Den Estragon unter kaltem Wasser abspülen, trockenschleudern, die Blättchen abzupfen und sehr fein hacken. Den Estragon mit dem Bratwurstbrät und der Sahne zu einem Teig verkneten und diesen mit Salz, Pfeffer und Muskatnuß kräftig abschmecken.

4 Aus der Fleischmasse mit feuchten Händen kleine Bällchen formen und diese in die Spinatblätter einwickeln (dafür am besten 2 bis 3 Blätter sich leicht überlappend zusammenlegen. Die Hackbällchen auf einer großen Platte anrichten.

5 Den Punsch durch ein feines Sieb in den Fonduetopf gießen, nochmals auf dem Herd aufkochen lassen und dann auf das heiße Rechaud stellen. Die Platte mit den Spinatbällchen ebenfalls auf den Tisch stellen.

6 Die Spinatbällchen auf Fonduespieße stecken und im Punsch jeweils 8 Minuten garen.

BEILAGENTIPS

Zu diesem Fondue passen der Mangodip (Seite 97), die Cumberlandsauce (Seite 105), die Süß-saure Sauce (Seite 104) und die Avocadosauce (Seite 107) sowie Weißbrot sehr gut.

REZEPTVARIATIONEN

◆ Wem der Rotweinpunsch zum Garen zu exotisch ist, der kann die Spinatbällchen auch in heißem Öl (ca. 1 l) braten.
◆ Eine weitere Variante: das Kalbsbrät durch ein sehr fein gehacktes Schollenfilet ersetzen.

GETRÄNKETIPS

Apfelwein, Cidre oder Weißweinschorle harmonieren sehr gut mit diesem Fondue.

FEINSCHMECKERFONDUES

SÜSS-SAURES FONDUE

Infoblock

- Arbeitszeit: ca. 35 Minuten
- 4 Portionen
- ca. 570 kcal je Portion

Zutaten

600 g Paprikaschoten
etwas Salz
800 g Schweinefilet
1 Dose mit Ananasstücken
(580 ml Inhalt)
¼ l Weißweinessig
2 EL Sojasauce
1–2 TL Speisestärke
1 TL brauner Zucker
3 EL chinesische Chilisauce

GETRÄNKETIPS

Servieren Sie zu diesem Fondue eine Weißweinschorle, Pflaumenwein oder ein helles Bier.

1 Die Paprikaschoten halbieren, putzen, waschen, in mundgerechte Stücke schneiden und in kochendem Salzwasser etwa 3 Minuten blanchieren. Dann die Stücke kurz in eiskaltes Wasser geben, gut abtropfen lassen und auf einer Platte anrichten. Auf den Tisch stellen.

2 Das Schweinefilet von Haut- und Sehnenresten befreien und in dünne Streifen schneiden. Die Ananasstücke in einem Sieb sehr gut abtropfen lassen. Den Saft dabei auffangen und mit Wasser auf 375 ml Gesamtmenge auffüllen. Die Ananasstücke neben den Paprikastücken auf der Platte anrichten.

3 Den Essig zusammen mit dem Ananassaft und der Sojasauce in den Fonduetopf geben und darin auf dem Herd erhitzen. Die Speisestärke mit wenig kaltem Wasser glattrühren, in die Flüssigkeit geben und diese aufkochen lassen. Den Sud mit Zucker und Chilisauce süß-sauer abschmecken.

4 Den Fonduetopf auf das heiße Rechaud stellen. Dabei darauf achten, daß die Flüssigkeit leise vor sich hin köchelt. Fleisch, Ananasstücke und Paprikawürfel zusammen auf Fonduegabeln stecken und in der Sauce garen.

BEILAGENTIPS

Zu diesem fruchtigen Fondue passen der Chinakohl-Mandarinen-Salat (Seite 116), der Mangodip (Seite 97), das Pflaumenketchup (Seite 106) und die Tatarensauce (Seite 103) sowie Baguette oder körniger Reis.

REZEPTVARIATION

Zu diesem Fondue paßt auch ein asiatischer Tomatensud zum Garen sehr gut. Dafür 1 l Tomatensaft mit 20 g feingehacktem Ingwer und 1 feingehackter Frühlingszwiebel verrühren und alles erhitzen. Dann 1 Teelöffel Zucker und 1 Teelöffel Apfelessig darunterrühren und den Sud mit Salz und Cayennepfeffer abschmecken.

FEINSCHMECKERFONDUES

FONDUE MIT MEERESFRÜCHTEN

Infoblock

- Arbeitszeit: ca. 50 Minuten
- 4 Portionen
- ca. 460 kcal je Portion

Zutaten

32 große Garnelen, z. B. Gambas
16 hauchdünne Scheiben Speck
600 g Rotbarschfilet
400 g frische Miesmuscheln (sie müssen geschlossen sein)
2 Bund glatte Petersilie
4 Knoblauchzehen
2 Zitronen
1 l Maiskeimöl

GETRÄNKETIPS

Zum Meeresfrüchtefondue paßt ein Weißwein sehr gut, z. B. ein Soave oder ein Blanc de Blancs.

1. Die Garnelen schälen. Die Speckscheiben halbieren und um die Garnelen wickeln. Den Rotbarsch unter fließend kaltem Wasser abspülen, trockentupfen und in mundgerechte Würfel schneiden.

2. Die Muscheln waschen, die Bärte mit den Fingern herausziehen und wegwerfen. Dann reichlich Wasser in einem Topf zum Kochen bringen. Die Muscheln hineingeben und so lange kochen lassen, bis sich die Schalen öffnen. Ungeöffnete Muscheln bitte wegwerfen, denn sie sind verdorben. Danach das Muschelfleisch aus den Schalen herauslösen und zusammen mit den Garnelen und dem Rotbarsch auf einer Platte anrichten.

3. Die Petersilie kalt abspülen, trockenschleudern, sehr fein hacken und in eine Schüssel geben. Den Knoblauch schälen und zur Petersilie pressen. Beides sorgfältig mischen. Die Zitronen vierteln. Die Petersilienpaste und die Zitronenviertel auf 4 Schälchen verteilen.

4. Das Öl in einem Fonduetopf auf dem Herd erhitzen und dann auf das heiße Rechaud stellen. Die Platte mit den Meeresfrüchten und die Schälchen auf den Tisch stellen.

5. Jeder steckt nun 1 Fischstück oder 1 Meeresfrucht auf die Fonduegabel und gart die Zutat im siedenden Öl. Dann dippt man sie in die Petersilienpaste und beträufelt sie mit Zitronensaft.

BEILAGENTIPS

Zu diesem feinen Fondue passen ein Tomatensalat mit Kräuter-Zwiebel-Vinaigrette, die Paprikacreme (Seite 94) und die Pariser Kräutersauce (Seite 96), die Avocadosauce (Seite 107) sowie Weißbrot.

REZEPTVARIATIONEN

- Wer Kalorien sparen möchte, läßt die Speckscheiben weg und brät die Garnelen pur.
- Üppiger wird das Fondue, wenn Sie zusätzlich noch 200 g Tintenfischringe dazugeben.

PRAKTISCHER TIP

Tupfen Sie Fischwürfel, Muschelfleisch und Garnelen sorgfältig mit Küchenkrepp trocken, bevor Sie sie auf die Platte legen, denn zu feuchte Stücke spritzen später im heißen Öl.

FEINSCHMECKERFONDUES

FISCHBÄLLCHENFONDUE

Infoblock

- ◆ Arbeitszeit: ca. 60 Minuten
- ◆ 4 Portionen
- ◆ ca. 560 kcal je Portion

Zutaten

1 Prise Salz
2 EL Weißweinessig
600 g Schollenfilets
2 Brötchen vom Vortag
3 Zwiebeln
150 g Schinkenspeck
2 Eier
100 g Mehl
etwas weißer Pfeffer
etwas geriebene Muskatnuß
1 l Sojaöl

1 Zunächst ¾ l Wasser zusammen mit dem Salz und dem Essig zum Kochen bringen. Die Schollenfilets unter kaltem Wasser abspülen, in den Sud legen und etwa 10 Minuten zugedeckt bei schwacher Hitze ziehen lassen. Danach die Filets herausnehmen und abkühlen lassen.

2 Die Brötchen kurz in kaltem Wasser quellen lassen. Inzwischen die Zwiebeln schälen und vierteln; den Schinkenspeck in grobe Stücke schneiden. Das Brötchen gut ausdrücken und zusammen mit den Zwiebeln, dem Speck und dem Fisch durch einen Fleischwolf drehen.

3 Die Fischmasse zusammen mit den Eiern und dem Mehl zu einem geschmeidigen Teig verkneten. Diesen mit Salz, Pfeffer und Muskat fein abschmecken. Aus dem Teig mit feuchten Händen walnußgroße Bällchen formen und diese auf einer großen Platte anrichten.

4 Das Öl in einem Fonduetopf auf dem Herd erhitzen, dann auf das heiße Rechaud stellen und leise köcheln lassen. Die Fischplatte auf den Tisch stellen. Die Fischbällchen einzeln vorsichtig auf Fonduegabeln spießen und im heißen Fett goldgelb garen.

BEILAGENTIPS

Zum feinen Fischfondue passen das Kiwichutney (Seite 99), die Tatarensauce (Seite 103) und Aioli (gibt es fertig zubereitet zu kaufen) sowie Folienkartoffeln mit geschmolzener Butter oder Knoblauchbrot und Zitronenscheiben.

REZEPTVARIATIONEN

◆ Wenn Ihnen die Schollenfilets zu teuer sind, ersetzen Sie sie durch die gleiche Menge Kabeljau- oder Rotbarschfilet.

◆ Wickeln Sie die Hälfte der rohen Fischbällchen in kleine Salatblätter ein. Das sieht besonders dekorativ aus und bringt Abwechslung.

GETRÄNKETIP

Zum Fischfondue paßt ein trockener Weißwein (z. B. ein Fendant oder ein Riesling) sehr gut.

FEINSCHMECKERFONDUES

PELLKARTOFFELFONDUE

Infoblock

◆ Arbeitszeit: ca. 40 Minuten
◆ 4 Portionen
◆ ca. 800 kcal je Portion

Zutaten

1 kg kleine neue Kartoffeln
300 g Schalotten
250 g durchwachsener Speck
8 Sardellenfilets
50 g eingelegter Tomatenpaprika
250 g Butterschmalz
schwarzer Pfeffer aus der Mühle

1 Die Kartoffeln unter fließendem Wasser gründlich waschen und bürsten. Sie dann etwa 20 Minuten als Pellkartoffeln kochen, abgießen, abdämpfen lassen und in einer Schale mit einem Tuch bedeckt auf den Tisch stellen.

2 In der Zwischenzeit die Schalotten schälen, größere in Stücke schneiden und alle in einer Schale anrichten. Den Speck fein würfeln. Die Sardellenfilets kurz wässern, dann trockentupfen. Den Tomatenpaprika abtropfen lassen und zusammen mit den Sardellenfilets fein hacken.

3 Den Speck im Fonduetopf auf dem Herd bei milder Hitze langsam auslassen. Das Butterschmalz dazugeben und bei mittlerer Hitze zerlassen. Die Sardellenfilets, die Paprikawürfel und etwas Pfeffer dazugeben.

4 Den Fonduetopf auf das heiße Rechaud stellen. Jeder spießt nun jeweils 1 Kartoffel und 1 Schalotte auf die Fonduegabel, brät beides im Speckfett aus und fischt dabei nach Belieben einige Speckstückchen mit heraus.

BEILAGENTIPS

Zu diesem deftigen Fondue passen der Rettich-Tomaten-Salat (Seite 113), gekaufter oder selbstgemachter Kräuter- oder Meerrettichquark, die Paprikacreme (Seite 94), das Gemüserelish (Seite 98) und die Pariser Kräutersauce (Seite 96).

REZEPTVARIATION

Die Specksauce schmeckt noch würziger, wenn Sie zusätzlich 1 Teelöffel getrocknete Kräuter der Provence hineingeben.

PRAKTISCHE TIPS

◆ Für dieses Fondue sollten Sie nur festkochende Kartoffelsorten nehmen, z. B. Bamberger Hörndli.
◆ Neue Kartoffeln (Frühkartoffeln) können Sie unbesorgt mit der Schale essen, denn diese ist hauchdünn und zart. Frühkartoffeln kommen bei uns im Juni und Juli in den Handel. Falls Sie nur Lagerkartoffeln kaufen können, müssen Sie diese schälen.

GETRÄNKETIP

Ein kühles, herbes Pils ist genau das richtige zu diesem herzhaften Fondue.

FEINSCHMECKERFONDUES

PAPRIKA-KÄSE-FONDUE

Infoblock

◆ **Arbeitszeit: ca. 50 Minuten**
◆ **4 Portionen**
◆ **ca. 1080 kcal je Portion**

Zutaten

1 grüne Paprikaschote
1 rote Paprikaschote
1 Knoblauchzehe
1 EL Butter
800 g Roggenvollkornbrot
500 g Appenzeller
200 ml trockener Weiß-
wein, z. B. Sancerre
oder Chablis
100 g Sahne
2 TL Speisestärke
2 EL Tomatenketchup
1 EL Paprikapulver edelsüß
schwarzer Pfeffer aus der
Mühle

1 Die Paprikaschoten waschen, putzen, entkernen und in sehr kleine Würfel schneiden. Die Knoblauchzehe schälen und halbieren. Das Caquelon mit der einen Knoblauchhälfte ausreiben, die andere Knoblauchhälfte fein hacken.

2 Die Butter in einem Topf zerlassen und Knoblauch- sowie Paprikawürfel darin etwa 5 Minuten dünsten, dann beiseite stellen. In der Zwischenzeit das Brot in mundgerechte Würfel schneiden, in einen Korb geben und auf den Tisch stellen.

3 Den Käse grob reiben. Wein und Sahne zusammen in dem Caquelon auf dem Herd aufkochen lassen. Den Käse portionsweise unter Rühren dazugeben und so lange rühren (am besten in Form einer Acht), bis sich alle Klümpchen aufgelöst haben und eine Creme entstanden ist.

4 Die Speisestärke mit wenig kaltem Wasser glattrühren, in die Käsecreme geben und diese einmal unter Rühren aufkochen lassen. Das Käsefondue mit Tomatenketchup, Paprikapulver und Pfeffer abschmecken. Die angedünsteten Paprikawürfel darunterrühren.

5 Das Caquelon auf das heiße Rechaud stellen. Dabei darauf achten, daß die Käsecreme immer leise brodelt. Die Brotwürfel auf die Fonduegabeln spießen und durch die Käsemasse ziehen.

BEILAGENTIPS

Zum Käsefondue passen mit Essig und Öl angemachte Romanesco- oder Blumenkohlröschen und das Englische Senfgemüse (Seite 118).

REZEPTVARIATION

Statt des Appenzellers können Sie auch die gleiche Menge Bel Paese nehmen. Dieser italienische Käse ist mild im Geschmack und hat einen Fettgehalt von 50 % Fett i.Tr.

GETRÄNKETIP

Zu diesem pikanten Käsefondue harmoniert ein trockener Weißwein (z. B. ein Sancerre oder ein Chablis) sehr gut.

VEGETARISCHE FONDUES

PRAKTISCHER TIP

Nehmen Sie zum Käsefondue immer einen Wein mit hohem Säuregehalt, denn dieser bindet den Käse besser als ein lieblicher Wein. Wenn Sie sich über den Säuregehalt nicht ganz sicher sind, geben Sie am besten noch den Saft von ½ Zitrone in das Käsefondue.

TOMATEN-SPARGEL-FONDUE

Infoblock

- Arbeitszeit: ca. 60 Minuten
- 4 Portionen
- ca. 320 kcal je Portion

Zutaten

1 kg Tomaten, am besten
Eier- bzw. Flaschentomaten
2 Zwiebeln
4 EL Olivenöl
1 EL Zucker
etwas Salz
schwarzer Pfeffer aus der Mühle
1 TL getrockneter Oregano
2 EL Tomatenmark
1¼ l Gemüsebrühe (Salat)
500 g weißer Spargel
500 g grüner Spargel
3 Kohlrabiknollen
500 g Zuckerschoten

1 Die Tomaten über Kreuz einritzen, kurz überbrühen, abschrecken, enthäuten, entkernen und in kleine Würfel schneiden. Die Zwiebeln schälen und fein hacken. Das Öl in einem Topf erhitzen, Tomaten sowie Zwiebeln darin andünsten.

2 Den Zucker, etwas Salz und Pfeffer, den Oregano und das Tomatenmark darunterrühren und alles zusammen etwa 20 Minuten köcheln lassen. Sollte die Mischung zu dickflüssig werden, eventuell etwas Gemüsebrühe angießen. Danach die Tomatensauce durch ein Sieb in einen Topf streichen und mit der Gemüsebrühe auffüllen.

3 Den weißen Spargel von oben nach unten schälen und die unteren Enden großzügig abschneiden. Den grünen Spargel waschen und unten etwas kürzen. Beide Spargelsorten schräg in mundgerechte Stücke schneiden. Den Kohlrabi schälen, putzen und in kleine Stifte schneiden. Die Zuckerschoten waschen und in mundgerechte Stücke schneiden. Das Gemüse zusammen auf einer großen Platte anrichten.

4 Die Tomatenbrühe auf dem Herd nochmals erhitzen. Sud dann in den Fonduetopf gießen und diesen auf das heiße Rechaud stellen. Die Gemüseplatte auf den Tisch stellen. Das Gemüse portionsweise in Fonduesiebe geben und in der Brühe bißfest garen.

BEILAGENTIPS

Zu dem vegetarischen Fondue passen der Limettendip (Seite 100) und die Tomaten-Joghurt-Sauce (Seite 101) sowie Baguette sehr gut.

REZEPTVARIATIONEN

- Fleischfans können anstelle der Kohlrabistifte Hähnchenbrustfilet oder Kalbsfilet (in feine Streifen geschnitten) nehmen.
- Noch würziger wird der Tomatensud, wenn Sie die Hälfte der Gemüsebrühe durch einen aromatischen Weißwein ersetzen.

GETRÄNKETIP

Zu diesem feinen Fondue paßt ein spritziger Edelzwicker sehr gut.

VEGETARISCHE FONDUES

TOFUFONDUE

Infoblock

◆ **Arbeitszeit: ca. 30 Minuten**
◆ **Marinierzeit: ca. 2 Stunden**
◆ **4 Portionen**
◆ **ca. 230 kcal je Portion**

Zutaten

800 g Tofu
3 EL Sojasauce
3 EL Orangensaft
3 EL Reiswein
oder trockener Sherry
2 EL Weißweinessig
1 TL Sesamöl
1 TL Zucker
4 Möhren
400 g Chinakohl
2 Frühlingszwiebeln
1 Bund Radieschen
1 l Gemüsebrühe (Seite 10)
1 Stück frischer Ingwer,
ca. 4 cm lang
etwas weißer Pfeffer

GETRÄNKETIPS

Zu dem aromatischen Fondue paßt ein Edelzwicker oder ein Blanc de Blancs sehr gut.

---

1 Den Tofu in mundgerechte Würfel schneiden und in eine flache Schüssel geben. Die Sojasauce mit Orangensaft, Reiswein, Weinessig, Öl und Zucker verrühren. Die Mischung über die Tofuwürfel gießen, alles gut mischen und den Tofu etwa 2 Stunden zugedeckt im Kühlschrank marinieren.

2 Inzwischen die Möhren putzen, schälen und in dünne Scheiben schneiden. Den Chinakohl putzen, waschen und in feine Streifen schneiden. Beides zusammen auf einer Platte dekorativ anrichten. Frühlingszwiebeln und Radieschen putzen und waschen. Die Zwiebeln in kleine Ringe schneiden, die Radieschen grob raspeln. Beides getrennt in Schälchen anrichten.

3 Die Brühe in einem Topf auf dem Herd erhitzen. Den Ingwer schälen, sehr fein reiben und in die Brühe geben. Diese mit Pfeffer würzen.

4 Den Tofu aus der Marinade nehmen, sorgfältig abtropfen lassen und auf einer Platte anrichten. 6 Eßlöffel von der Marinade abnehmen und unter die heiße Brühe rühren. Die restliche Marinade beiseite stellen (Verwendungsmöglichkeit siehe Rezeptvariation).

5 Die Brühe in einen Feuer- oder Fonduetopf gießen und diesen auf das heiße Rechaud stellen. Die angerichteten Platten und Schälchen ringsherum anordnen.

6 Die Tofuwürfel zusammen mit den Möhrenscheiben und den Chinakohlstreifen in Fonduesiebe geben und alles in der Brühe garen. Radieschen und Frühlingszwiebeln dazu essen.

BEILAGENTIPS

Zum Tofufondue passen die Süß-saure Sauce (Seite 104), der Mangodip (Seite 97) und das Pflaumenketchup (Seite 106) sowie Reis oder Baguette.

REZEPTVARIATION

Auch bei diesem Fondue können Sie die Brühe zum Abschluß des Essens als Suppe servieren. Schmecken Sie sie vorher noch einmal mit der übriggebliebenen Tofumarinade ab.

PRAKTISCHER TIP

Achten Sie darauf, daß die Brühe im Feuertopf bei Tisch nur leise vor sich hin simmert. Kocht sie zu stark, verdampft zu viel Flüssigkeit. Dann hilft nur eines: heißes Wasser oder heiße Brühe nachfüllen.

VEGETARISCHE FONDUES

PILZFONDUE

Infoblock

◆ Arbeitszeit: ca. 55 Minuten
◆ 4 Portionen
◆ ca. 420 kcal je Portion

Zutaten

Für das Fondue

400 g Brokkoli
2 Möhren
300 g kleine Champignons
300 g Austernpilze
3 EL Zitronensaft
1 l Sojaöl

Für die Sauce

7 EL Tomatenketchup
1 EL Worcestershiresauce
4 EL Öl
2 EL Weißweinessig
1 TL Zucker

Für den Teig

1 Ei
150 g Mehl
⅛ l trockener Weißwein
etwas Salz
schwarzer Pfeffer aus der Mühle
Paprikapulver edelsüß

1 Die Brokkoli putzen, waschen und in kleine Röschen zerteilen. Die Möhren putzen, schälen und in dünne Scheiben schneiden. Die Pilze eventuell kurz waschen, trockentupfen und putzen. Aus den Champignons die Stiele herausdrehen. Die Austernpilze in mundgerechte Stücke schneiden. Die Pilze mit Zitronensaft beträufeln und zusammen mit dem restlichen Gemüse auf einer großen Platte anrichten. Diese auf den Tisch stellen.

2 Für die Sauce Tomatenketchup, Worcestershiresauce, Öl, Essig und Zucker miteinander verrühren. Die Sauce in vier Portionsschälchen füllen und diese neben die Fondueteller auf den eingedeckten Tisch stellen.

3 Für den Teig das Ei trennen. Das Eigelb mit dem Mehl und dem Weißwein verrühren und mit Salz, Pfeffer sowie Paprikapulver würzen. Das Eiweiß sehr steif schlagen und unter den Teig heben. Diesen ebenfalls auf 4 kleine Portionsschälchen verteilen und neben die Fondueteller stellen.

4 Das Sojaöl im Fonduetopf auf dem Herd auf etwa 175°C erhitzen. Den Fonduetopf dann auf das heiße Rechaud stellen.

5 Die Gemüsestücke und die Pilze einzeln auf Fonduegabeln stecken, in den Teig tauchen und dann im Fett 2 bis 3 Minuten garen. Die Häppchen anschließend gut abtropfen lassen und in die Würzsauce dippen.

BEILAGENTIPS

Zum Fondue passen der Brokkolisalat (Seite 108), das Pflaumenketchup (Seite 106), die Tomaten-Joghurt-Sauce (Seite 101) und frisches Baguette.

REZEPTVARIATION

Ersetzen Sie den Wein für den Teig durch die gleiche Menge Cidre oder Apfelwein. Würzen Sie dann den Teig nicht mit Paprikapulver, sondern mit geriebener Muskatnuß.

VEGETARISCHE FONDUES

PRAKTISCHER TIP

Zwischen den einzelnen Fritiergängen sollten Sie ausgebackene Teigreste, die auf dem Öl schwimmen, mit einem kleinen Sieb herausfischen. Die Teigstückchen verbrennen sonst und verderben dann den Geschmack des Öls.

GETRÄNKETIPS

Zum Fondue paßt ein trockener Weißwein oder Rosé sehr gut.

OLIVEN-KÄSE-FONDUE

Infoblock

- Arbeitszeit: ca. 45 Minuten
- 4 Portionen
- ca. 1250 kcal je Portion

Zutaten

40 mit Paprika gefüllte Oliven
40 mit Mandeln gefüllte Oliven
800 g herzhaftes Krustenbrot
200 g fester Ziegenkäse, z. B. Ziegen-Gouda
400 g Greyerzer
1 Knoblauchzehe
300 ml kräftiger, trockener Rotwein, z. B. Rioja oder Chianti Classico
1 TL Zitronensaft
2 EL Speisestärke
schwarzer Pfeffer aus der Mühle
geriebene Muskatnuß

1 Die Oliven getrennt in Schälchen geben. Das Brot in mundgerechte Würfel schneiden und in einem Korb anrichten.

2 Die beiden Käsesorten grob reiben und in einer Schüssel gut mischen. Die Knoblauchzehe schälen und halbieren. Das Caquelon mit den Schnittflächen der Knoblauchzehe gut ausreiben.

3 Wein und Zitronensaft zusammen in das Caquelon geben und auf dem Herd lauwarm erhitzen. Den Käse portionsweise hinzufügen und so lange rühren, bis sich die Käseklumpen aufgelöst haben. Die Käsecreme dann unter Rühren zum Kochen bringen.

4 Die Speisestärke mit 1 Eßlöffel kaltem Wasser glattrühren, in die Käsecreme geben und diese unter Rühren aufkochen lassen, bis sie bindet. Dann die Käsecreme mit Pfeffer und Muskat pikant abschmecken.

5 Das Caquelon auf das heiße Rechaud stellen. Dabei darauf achten, daß die Käsecreme nur leise brodelt. Oliven und Brot auf den Tisch stellen. Jeweils 1 Olive und 1 Brotwürfel zusammen auf eine Fonduegabel spießen und diese kurz durch das Käsefondue ziehen.

BEILAGENTIPS

Zu diesem Käsefondue passen das Gemüserelish (Seite 98) und die Süßsauren Kohlrollen (Seite 120) sowie eingelegter Kürbis und Peperoni.

REZEPTVARIATION

Statt der Oliven können Sie auch Mixed Pickles und eingelegte Perlzwiebeln in das Käsefondue dippen.

PRAKTISCHER TIP

Bei jedem Eintauchen der Fonduegabeln sollten Sie das Käsefondue gut umrühren, sonst kann es passieren, daß Käse und Wein nicht mehr binden. Ist es trotzdem passiert, sollten Sie das Fondue auf dem Herd bei großer Hitze aufkochen lassen und es dabei mit dem Schneebesen kräftig durchrühren. Den Topf danach zurück auf das Rechaud stellen.

GETRÄNKETIP

Zu diesem gehaltvollen Fondue paßt ein Rotwein (z. B. ein Rioja oder ein Chianti Classico) ganz hervorragend.

VEGETARISCHE FONDUES

AUBERGINEN-ZUCCHINI-FONDUE

Infoblock

◆ Arbeitszeit: ca. 45 Minuten
◆ 4 Portionen
◆ ca. 540 kcal je Portion

Zutaten

Für die Sauce

150 g Salatgurke
etwas Salz
3 Knoblauchzehen
1 Zwiebel
50 g entsteinte schwarze Oliven
250 g Sahnequark
200 g Dickmilch
2 EL Olivenöl
schwarzer Pfeffer aus der Mühle
2 EL gehackte Pistazien
1 Bund Dill, gehackt

Für das Fondue

1 mittelgroße Aubergine, ca. 400 g
600 g Zucchini
150 g Mehl
200 g entsteinte schwarze Oliven
1 l Maiskeimöl

1 Für die Sauce die Gurke schälen, der Länge nach halbieren und die Kerne mit einem Löffel herauskratzen. Die Gurke grob raspeln, mit etwas Salz bestreuen und etwa ¼ Stunde im Kühlschrank durchziehen lassen.

2 Inzwischen die Knoblauchzehen und die Zwiebel schälen und beides fein würfeln. Die Oliven für die Sauce sehr fein hacken. Quark, Dickmilch und Olivenöl miteinander verrühren. Oliven-, Zwiebel- sowie Knoblauchwürfel daruntermischen. Die Gurkenraspel mit der Hand ausdrücken und unter die Creme rühren. Diese mit Pfeffer pikant abschmecken, die Pistazien hineinrühren und die Sauce mit dem gehackten Dill bestreuen.

3 Die Aubergine waschen, putzen und in mundgerechte Stücke schneiden. Die Zucchini waschen, putzen, der Länge nach halbieren und in Scheiben schneiden. Zucchini und Aubergine zusammen auf einer Platte anrichten. Das Mehl in 4 Portionsschälchen verteilen. Die Oliven in eine Schale geben. Das Gemüse auf der Platte sowie das Mehl, die Sauce und die Oliven in den Schälchen auf den eingedeckten Tisch stellen.

4 Das Öl in einem Fonduetopf auf der Herdplatte erhitzen, dann auf das heiße Rechaud stellen. Gemüsestücke werden zuerst im Mehl gewendet, dann im Öl goldbraun ausgebacken und zum Schluß in die Gurkensauce gedippt. Die Oliven ißt man dazu.

BEILAGENTIPS

Zum Fondue passen ein grüner Salat mit einer Vinaigrette, Gemüserelish (Seite 98) und frisches Baguette.

REZEPTVARIATION

Die Gemüsestückchen schmecken noch würziger, wenn Sie das Mehl mit etwas geriebenem Parmesan mischen.

GETRÄNKETIP

Zum fritierten Gemüse schmeckt ein trockener Weißwein sehr gut, z. B. ein Frascati oder ein Pinot Grigio.

VEGETARISCHE FONDUES

GEMÜSEFONDUE IN BIERTEIG

Infoblock

◆ **Arbeitszeit: ca. 60 Minuten**
◆ **4 Portionen**
◆ **ca. 450 kcal je Portion**

Zutaten

Für das Fondue

12 kleine Kartoffeln
etwas Salz
500 g Zucchini
750 g Blumenkohl
300 g rote Paprikaschoten
250 g Frühlingszwiebeln
400 g kleine Champignons
1 Bund krause Petersilie
1 l Sonnenblumenöl

Für den Teig

150 g Mehl
3 EL flüssige Butter
100 ml helles Bier
2 Eiweiß

GETRÄNKETIPS

Zum Gemüsefondue paßt ein herbes Pils oder ein leichter Rosé sehr gut.

1 Die Kartoffeln schälen und in Salzwasser 10 bis 15 Minuten vorgaren, dann abgießen. In der Zwischenzeit das restliche Gemüse und die Pilze putzen und waschen. Die Zucchini in Scheiben schneiden; den Blumenkohl in walnußgroße Röschen zerteilen. Die Paprikaschoten halbieren, entkernen und in etwa 3 cm große Stücke schneiden. Die Frühlingszwiebeln in etwa 3 cm lange Stücke schneiden. Das kleingeschnittene Gemüse zusammen mit den Champignons und der Petersilie auf einer großen Platte dekorativ anrichten.

2 Für den Teig das Mehl in eine Schüssel geben. Die flüssige Butter, das Bier und 50 bis 100 ml Wasser dazugeben. Den Teig so lange rühren, bis er dünnflüssig ist. Die Eiweiße steif schlagen und unter den Teig heben.

3 Das Öl im Fonduetopf auf dem Herd auf etwa 175°C erhitzen. Das Fett hat die richtige Temperatur, wenn sich neben dem Holzlöffel, den man ins Fett taucht, kleine Bläschen bilden. Den Fonduetopf dann auf das heiße Rechaud stellen.

4 Die Gemüsestücke auf Fonduegabeln spießen, dann in den Bierteig tauchen und im heißen Öl goldgelb braten. Regulieren Sie dabei gelegentlich die Hitze des Rechauds nach, damit das Fett immer ausreichend heiß ist.

BEILAGENTIPS

Zum Gemüsefondue passen das Gemüserelish (Seite 98), der Brokkolisalat (Seite 108), die Tomaten-Joghurt-Sauce (Seite 101) und kräftiges Bauernbrot.

REZEPTVARIATIONEN

◆ Wesentlich kalorienärmer wird das Fondue, wenn Sie die Gemüsestückchen statt in Fett in 1½ l leichter Gemüsebrühe garen. Lassen Sie dann aber den Bierteig weg, und nehmen Sie am besten Fonduesiebchen zum Herausfischen der Zutaten.

◆ Fleischfans können zusätzlich noch etwa 300 g Putenbrustfilet (in Streifen geschnitten) mitgaren. Diese, wie auch das Gemüse, durch den Teig ziehen und im Fett goldgelb backen.

58

VEGETARISCHE FONDUES

KOREANISCHER FEUERTOPF

Infoblock

◆ **Gefrierzeit: ca. 40 Minuten**
◆ **Kühlzeit: ca. 30 Minuten**
◆ **Arbeitszeit: ca. 1¼ Stunden**
◆ **4 Portionen**
◆ **ca. 460 kcal je Portion**

Zutaten

300 g Rinderfilet
2 Knoblauchzehen
1 TL Zucker
10 EL Sojasauce
8 EL Reiswein
125 g Tatar
1 TL Speisestärke
schwarzer Pfeffer aus der Mühle
etwas frisches Koriandergrün
125 g geschälte Garnelen
250 g Heilbuttfilet
2 Eier
1 TL Öl
je 175 g Möhren, Rettich, Salatgurke und Frühlingszwiebeln
3 l Rinderbrühe (Seite 10)

GETRÄNKETIPS

Ein leichter Weißwein oder ein kühles Bier harmoniert gut mit diesem Fondue.

1 Das Rinderfilet in einen Gefrierbeutel geben und im Tiefkühlfach etwa 40 Minuten anfrosten. Inzwischen den Knoblauch schälen, fein würfeln und zusammen mit dem Zucker, 3 Eßlöffeln Sojasauce und 3 Eßlöffeln Reiswein zu einer Marinade verrühren.

2 Das angefrostete Fleisch am besten mit einem elektrischen Messer oder mit dem Allesschneider in hauchdünne Scheiben schneiden und diese in eine flache Schale geben. Die Marinade über das Fleisch träufeln und es zugedeckt etwa 30 Minuten kühl stellen.

3 Das Tatar mit der Speisestärke, je 1 Eßlöffel Sojasauce und Reiswein mischen und mit Pfeffer würzen. Das Koriandergrün waschen, fein hacken und daruntermischen.

4 Aus dem Fleischteig mit feuchten Händen walnußgroße Bällchen formen und diese auf eine Platte legen. Die Garnelen und den Heilbutt waschen und trockentupfen. Den Fisch in Würfel schneiden und zusammen mit den Garnelen auf einer Platte anrichten.

5 Die Eier mit 1 Eßlöffel Sojasauce verquirlen und mit Pfeffer würzen. Das Öl in einer Pfanne erhitzen und aus dem Eierteig bei mittlerer Hitze ein Omelett backen. Dieses abkühlen lassen und dann in Stücke schneiden oder zusammenrollen und anschließend in Scheiben schneiden, so daß Röllchen entstehen.

6 Das Gemüse putzen, waschen, gegebenenfalls schälen und in mundgerechte Stücke schneiden. Das Gemüse und die Omelettstücke dekorativ auf Tellern anrichten. Das marinierte Fleisch gut abtropfen lassen und in einer Schale auf den Tisch stellen.

7 Die Brühe in einem großen Topf auf dem Herd aufkochen lassen und mit den restlichen 5 Eßlöffeln Sojasauce und 4 Eßlöffeln Reiswein würzen. Etwa 2 Liter der Brühe in einen Feuertopf füllen und diesen auf das heiße Rechaud stellen. Die restliche Brühe können Sie auf dem Herd zum Nachfüllen warm halten. Jeder füllt nun Zutaten nach Wahl in Fonduesiebe und gart sie in der heißen Brühe.

BEILAGENTIPS

Zu dem koreanischen Fondue passen das Kiwichutney (Seite 99), die Paprikacreme (Seite 94) und Austernsauce (gibt es in Asiengeschäften) sowie körniger Reis.

INTERNATIONALE FONDUES

REZEPTVARIATION

Wer das Fondue noch asiatischer haben möchte, gart zusätzlich zu den anderen Zutaten auch 10 g Iziki-Algen mit. Diese getrockneten Algen (gibt es in Asiengeschäften) spült man in einem Sieb mit kaltem Wasser ab, gibt sie in eine Schüssel, bedeckt sie mit lauwarmem Wasser und läßt sie etwa 15 Minuten quellen. Danach werden sie nochmals mit kaltem Wasser abgespült und zusammen mit den anderen Fonduezutaten angerichtet.

SUKIYAKI

Infoblock

- **Ruhezeiten: ca. 60 Minuten**
- **Arbeitszeit: ca. 60 Minuten**
- **4 Portionen**
- **ca. 580 kcal je Portion**

Zutaten

600 g Rinderfilet
100 g Glasnudeln
200 g Tofu
300 g frische Shiitake- oder Austernpilze
300 g Chinakohl
1 Stange Lauch
⅛ l Mirin (süßer Reiswein)
⅛ l Sojasauce
¼ l Hühnerbrühe (Seite 10)
4 Eigelb
1 EL Öl
3 TL Zucker
etwas weißer Pfeffer

GETRÄNKETIPS

Servieren Sie zu diesem Fondue einen trockenen Weißwein oder ein kühles Pils.

1 Das Rinderfilet in einen Gefrierbeutel geben und etwa 60 Minuten im Tiefkühlfach anfrosten. Inzwischen die Glasnudeln mit kochendem Wasser übergießen, etwa 10 Minuten quellen und danach abtropfen lassen. Den Tofu in mundgerechte Würfel schneiden.

2 Die Pilze kurz waschen oder mit einem feuchten Tuch abreiben. Sie dann putzen und in breite Streifen schneiden. Den Chinakohl und den Lauch putzen und waschen. Den Lauch in Ringe, den Kohl in 4 cm breite Streifen schneiden.

3 Das angefrostete Fleisch am besten mit einem elektrischen Messer oder mit dem Allesschneider in hauchdünne Scheiben schneiden. Fleisch, Gemüse und Pilze auf großen Tellern anrichten und diese auf den Tisch stellen.

4 Den Reiswein mit der Sojasauce und der Brühe verrühren und in eine Karaffe geben. Die Eigelbe in vier Schälchen geben und eventuell mit etwas Sojasauce verquirlen. Die vorbereiteten Zutaten auf den Tisch stellen.

5 Das Öl in einem großen Topf oder in einem kleinen Wok auf dem Herd erhitzen, dann auf das heiße Rechaud stellen. Den Zucker in das Fett streuen und karamelisieren lassen. Einige Fleischscheiben dazugeben, pfeffern und kurz anbraten.

6 Die Reisweinbrühe angießen und alles kurze Zeit schmoren lassen. Jeder gibt nun mit Stäbchen Gemüse, Pilze, Tofu und Nudeln in den Topf zum Fleisch und gart alles nach Belieben. Zum Schluß werden die Zutaten in den verquirlten Eigelben gewendet.

BEILAGENTIPS

Zu diesem japanischen Fondue passen der Bunte Möhrensalat (Seite 109), die Feurige Zwiebelsauce (Seite 93) und das Pflaumenketchup (Seite 106) sowie leicht klebender japanischer Reis oder ersatzweise italienisches Risotto.

PRAKTISCHER TIP

Achten Sie darauf, daß immer nur so viel Brühe im Topf ist, daß Fleisch und Gemüse mehr schmoren als kochen.

REZEPTVARIATION

Ersetzen Sie den Chinakohl durch die gleiche Menge an Spinatblättern und die Glasnudeln durch 200 g Bambussprossen. So haben Sie im Nu eine neue Geschmacksvariante.

INTERNATIONALE FONDUES

VIETNAMESISCHES FONDUE

Infoblock

◆ **Arbeitszeit: ca. 1¼ Stunden**
◆ **4 Portionen**
◆ **ca. 380 kcal je Portion**

Zutaten

300 g Schweinefilet
1 Stange Lauch
1 Stück frischer Ingwer,
4 cm lang
6 EL Sojasauce
300 g Tofu
1 kleiner Rettich
1 EL Zitronensaft
etwas Salz
etwas Cayennepfeffer
40 getrocknete Reispapierblätter, ca. 12 cm ø
2 dicke Bund Schnittlauch
250 g frische Sojasprossen-
keimlinge
1 Endiviensalat
1 kleine Salatgurke
2 l milde Hühnerbrühe
(Seite 10)

1 Das Schweinefilet sehr fein hacken. Den Lauch waschen, putzen und in feine Ringe schneiden. Den Ingwer schälen und sehr fein hacken. Das Schweinefleisch mit Lauch, Ingwer und 3 Eßlöffeln der Sojasauce gut mischen.

2 Den Tofu mit einer Gabel zerdrücken. Den Rettich putzen, schälen und raspeln. Ihn mit dem Tofu, dem Zitronensaft und den restlichen 3 Eßlöffeln Sojasauce mischen, alles mit Salz und Cayennepfeffer abschmecken und gründlich durchmengen.

3 Die Reispapierblätter in einer Schüssel mit warmem Wasser bedecken und etwa 2 Minuten quellen lassen, bis sie leicht formbar sind. Danach abtropfen lassen und auf einer Platte ausbreiten.

4 Zuerst etwa 1 Teelöffel der Schweinefleischmischung, dann etwa 1 Teelöffel der Tofumischung jeweils in die Mitte eines Blattes geben. Die Reispapierblätter an den Ecken anheben und über die Füllung zu Säckchen zusammendrehen. Sie abschließend mit je 1 Schnittlauchhalm vorsichtig, damit dieser nicht reißt, zubinden.

5 Das restliche Gemüse waschen, putzen und nach Gemüsesorte in kleine mundgerechte Stücke schneiden. Es danach zusammen mit den Reispapiersäckchen hübsch auf einer Platte anrichten.

6 Die Brühe in einem Topf auf dem Herd erhitzen und anschließend in einen Feuertopf gießen. Den Feuertopf am Tisch auf das heiße Rechaud stellen und die Platte mit den Reissäckchen dazustellen. Jeder gart nun mit Hilfe von Stäbchen oder Siebchen die Reispapiersäckchen und etwas Gemüse in der Brühe.

BEILAGENTIPS

Zu den gefüllten Reissäckchen passen die Süß-saure Sauce (Seite 104), eine gekaufte Hoisin- oder Pflaumensauce sowie körniger Reis oder Fladenbrot.

GETRÄNKETIP

Zu diesen pikanten Reissäckchen empfehlen wir Ihnen einen trockenen Weißwein, wie z. B. einen Riesling oder einen Blanc de Blancs.

INTERNATIONALE FONDUES

PRAKTISCHE TIPS

◆ Reispapierblätter bekommen Sie in Asienläden und in Asienabteilungen großer Lebensmittelketten wie auch in Warenhäusern.

◆ Verschiedene asiatische Saucen, wie Austern-, Hoisin-, Fisch- oder süß-saure Chilisauce, erhalten Sie ebenfalls in diesen Geschäften.

ITALIENISCHES GEMÜSEFONDUE

Infoblock

◆ Arbeitszeit: ca. 50 Minuten
◆ 4 Portionen
◆ ca. 710 kcal je Portion

Zutaten

250 g Brokkoli
etwas Salz
250 g Bleichsellerie
1 große rote Paprikaschote
1 große Fenchelknolle
8 Artischockenherzen, aus dem Glas oder aus der Dose
6 Knoblauchzehen
10 Sardellenfilets
3 EL Butter
¼ l kaltgepreßtes Olivenöl
120 g Sahne

1 Die Brokkoli putzen, waschen, in Röschen zerteilen und in kochendem Salzwasser etwa 3 Minuten blanchieren. Dann in eiskaltem Wasser abschrecken und abtropfen lassen. Den Bleichsellerie waschen, von den harten Fasern befreien und in mundgerechte Stücke schneiden.

2 Die Paprikaschote und den Fenchel putzen, waschen und in ½ cm breite Streifen schneiden. Die Artischockenherzen abtropfen lassen und halbieren. Das Gemüse auf einer Platte anrichten. Die Knoblauchzehen schälen und sehr fein hacken. Die Sardellenfilets abtropfen lassen und ebenfalls fein hacken.

3 Die Butter in einem kleinen Fonduetopf auf dem Herd leicht erhitzen und den Knoblauch darin glasig dünsten. Die Sardellenfilets hinzufügen, dann nach und nach das Olivenöl unter ständigem Rühren dazugießen. Sobald die Masse völlig glatt ist, die Sahne hineinrühren. Die Sauce unter Rühren erhitzen, bis sie bindet.

4 Den Fonduetopf auf ein heißes Rechaud stellen und die Fonduezutaten in den vorbereiteten Schälchen daneben anrichten. Die Gemüsestücke durch die Sauce ziehen.

BEILAGENTIPS

Zu dieser italienischen Köstlichkeit können Sie das Basilikumpesto (Seite 95), die Tomaten-Joghurt-Sauce (Seite 101), das Gemüserelish (Seite 98) und Baguette reichen.

REZEPTVARIATIONEN

◆ Im Piemont, der Heimat dieser italienischen Spezialität, gibt es viele Rezeptvariationen. So können Sie die verwendeten Gemüsesorten immer dem jeweiligen Jahreszeitangebot anpassen.

◆ Auch die Sauce läßt sich leicht variieren. Nehmen Sie nur die Hälfte der Sahne, und rühren Sie statt dessen etwa 2 Eßlöffel trockenen Rotwein in die Sauce (sie wird dann etwas dicker).

GETRÄNKETIPS

Zur geschmacklichen Abrundung können Sie einen trockenen, weißen Cortese, roten, vollmundigen Barolo oder roten Barbaresco aus dem Piemont wählen.

INTERNATIONALE FONDUES

JAPANISCHES SHABU-SHABU

Infoblock

◆ **Gefrierzeit: ca. 60 Minuten**
◆ **Quellzeit: ca. 30 Minuten**
◆ **Arbeitszeit: ca. 1¾ Stunden**
◆ **4 Portionen**
◆ **ca. 470 kcal je Portion**

Zutaten

Für das Fondue

600 g Roastbeef
150 g Glasnudeln
20 g getrocknete Shiitake-Pilze
300 g Tofu
200 g Möhren
250 g kleine, evtl. rosafarbene Champignons
200 g Chinakohl
200 g Blattspinat
1 kleiner, weißer Rettich
4 Frühlingszwiebeln
1 l milde Hühnerbrühe (Seite 10)

Für die Sauce

6 EL Zitronensaft
3 EL Reiswein
3 EL Sojasauce
3 EL halbtrockener Sherry

1 Das Roastbeef in einen Gefrierbeutel geben und etwa 60 Minuten im Tiefkühlgerät anfrosten lassen. Inzwischen die Glasnudeln mit kochendem Wasser übergießen und etwa 10 Minuten einweichen. Die Pilze ebenfalls mit kochendem Wasser übergießen und etwa 30 Minuten quellen lassen. Danach beide Zutaten abgießen und abtropfen lassen. Die Nudeln nach dem Quellen eventuell mit einer Schere kleinschneiden.

2 Den Tofu in 2,5 cm große Würfel schneiden. Die Möhren putzen, schälen, in Scheiben schneiden. Die Champignons kurz waschen, putzen und evtl. in Scheiben schneiden. Den Chinakohl waschen, putzen und in Streifen schneiden. Den Spinat verlesen, waschen und abtropfen lassen. Alle Zutaten dekorativ auf einer großen Platte anrichten. Den Rettich und die Frühlingszwiebeln waschen. Den Rettich raspeln, die Zwiebeln fein hacken. Beide Zutaten getrennt in Schälchen geben.

3 Die Brühe in einem flachen Fonduetopf oder in einem kleinen Wok auf dem Herd zum Kochen bringen und danach auf ein heißes Rechaud stellen. Für die Sauce den Zitronensaft mit Reiswein, Sojasauce und Sherry verrühren und auf vier Schälchen verteilen. Diese zusammen mit der Gemüseplatte auf den Tisch stellen.

4 Das angefrostete Fleisch am besten mit einem elektrischen Küchenmesser oder mit dem Allesschneider in hauchdünne Scheiben schneiden. Diese sich leicht überlappend auf einer Platte anrichten. Die Fleischplatte auf den Tisch stellen.

5 Jeder gibt die vorbereiteten Zutaten in Fonduesiebe und gart sie kurz in der Brühe. Vor dem Verzehr werden sie dann in die schmackhafte Sauce getaucht.

BEILAGENTIPS

Zu dieser japanischen Köstlichkeit können Sie zusätzlich körnigen Reis sowie den Bunten Möhrensalat (Seite 109) reichen.

PRAKTISCHER TIP

Ganz stilecht wird das Shabu-Shabu natürlich mit Stäbchen gegessen. Dazu nehmen Sie das Fleisch oder das Gemüse mit den Stäbchen auf, schwenken es damit zweimal durch die Brühe – und schon ist es gar.

INTERNATIONALE FONDUES

GETRÄNKETIPS

Mit einem trockenen Weißwein, wie z. B. einem Riesling, sowie mit einer Weinschorle oder auch einem Tee können Sie das Shabu-Shabu geschmacklich komplettieren.

BOURDÉTO AUS KORFU

Infoblock

◆ Kühlzeit: ca. 10 Minuten
◆ Arbeitszeit: ca. 45 Minuten
◆ 4 Portionen
◆ ca. 610 kcal je Portion

Zutaten

Für die Sauce

400 g Zwiebeln
⅛ l kaltgepreßtes Olivenöl
⅛ l trockener Weißwein,
z. B. ein Blanc de Blancs
Salz
Cayennepfeffer
weißer Pfeffer

Für das Fondue

500 g frisches Thunfischfilet
500 g frisches Heilbuttfilet
4 EL Zitronensaft
2 unbehandelte Zitronen
1 l milde Hühnerbrühe
(Seite 10)

GETRÄNKETIP

Zu diesem griechischen Fischfondue paßt ausgezeichnet ein trockener Weißwein, wie z. B. Blanc de Blancs oder ein landestypischer trockener Demestica.

1 Die Zwiebeln schälen und fein würfeln. Das Olivenöl in einem Topf leicht erhitzen und die Zwiebelwürfel darin glasig dünsten. ⅛ l Wasser und den Wein angießen, umrühren und die Flüssigkeit sehr scharf mit Salz, Cayennepfeffer und Pfeffer abschmecken. Die Sauce zugedeckt etwa 20 Minuten köcheln lassen, bis sie sehr sämig ist.

2 Die Fischfilets unter kaltem Wasser abspülen, trockentupfen, in mundgerechte Würfel schneiden und mit Zitronensaft beträufeln. Die Zitronen heiß waschen, trockentupfen und in Scheiben schneiden. Dekorativ auf einer Platte verteilen und die Fischwürfel darauf anrichten. Die Platte mit einer Frischhaltefolie überziehen (sonst riecht der Kühlschrank später zu sehr nach Fisch) und bis zum Servieren zwischen 5 und 10 Minuten kalt stellen.

3 Die Hühnerbrühe in einem Topf auf dem Herd aufkochen lassen. Die Zwiebelsauce in eine Sauciere füllen und diese auf ein brennendes Stövchen stellen. Die heiße Brühe in den Feuertopf umfüllen und ihn auf das heiße Rechaud stellen.

4 Jeder gibt nun 1 bis 2 Fischwürfel in ein Fonduesieb und gart sie 2 bis 3 Minuten in der Brühe. Anschließend übergießt man die gegarten Fischwürfel mit der scharfen Zwiebelsauce.

BEILAGENTIPS

Zu dieser griechischen Spezialität passen der Rauke-Tomaten-Salat (Seite 117), das Basilikumpesto (Seite 95), die Bananen-Curry-Sauce (Seite 92), das Gemüserelish (Seite 93) und die Süß-sauren Kohlrollen (Seite 120) sowie gekochte kleine neue Kartoffeln oder Weißbrot.

REZEPTVARIATION

Bei der Wahl der Fischsorten können Sie beliebig variieren. Probieren Sie auch mal Steinbeißer, Lotte, Schwertfisch oder Aal. Wichtig ist nur, daß der Fisch ein festes Fleisch hat, damit er beim Garen auf der Gabel nicht zerfällt.

INTERNATIONALE FONDUES

71

HOLLÄNDISCHES KÄSEFONDUE

Infoblock

◆ **Arbeitszeit: ca. 60 Minuten**
◆ **4 Portionen**
◆ **ca. 1070 kcal je Portion**

Zutaten

400 g Chicorée
1 kleiner Blumenkohl
Salz
1 EL Zitronensaft
750 g kräftiges Bauernbrot
250 g mittelalter Gouda
250 g Leerdamer
1 Knoblauchzehe
2 Schalotten
5 EL Butter
¼ l trockener Weißwein,
z. B. Soave
1 TL Speisestärke
3 EL Genever
6 EL Sahne
1 Prise gemahlener Kümmel
etwas Cayennepfeffer

1 Den Chicorée waschen, putzen und die Blätter ablösen. Den Blumenkohl waschen, putzen, in Röschen zerteilen und sie in kochendem Salzwasser mit dem Zitronensaft 2 bis 3 Minuten blanchieren. Danach die Blumenkohlröschen abtropfen lassen. Das Brot in mundgerechte Stücke schneiden. Die so vorbereiteten Zutaten getrennt in Schälchen oder auf Platten anrichten.

2 Beide Käsesorten fein reiben. Den Knoblauch schälen, halbieren und das Caquelon mit den Schnittflächen kräftig ausreiben. Die Schalotten schälen und fein würfeln.

3 Die Butter in einem Topf erhitzen und die Schalotten darin glasig dünsten. Anschließend den Wein angießen, alles erhitzen und den Käse portionsweise unter ständigem Rühren langsam darin schmelzen lassen.

4 Die Speisestärke mit dem Genever verrühren und das köchelnde Käsefondue damit binden. Die Käsemischung in das Caquelon füllen und ebenfalls unter Rühren auf das heiße Rechaud stellen.

5 Die Schälchen oder Platten mit dem Gemüse und dem Brot auf dem Tisch plazieren. Die Sahne in das Käsefondue einrühren und dieses mit Kümmel und Cayennepfeffer abschmecken.

6 Blumenkohlröschen und Brotwürfel auf Fonduegabeln spießen und in das Käsefondue tauchen. Die Chicoréeblätter am unteren Ende anfassen und ebenfalls eintauchen.

BEILAGENTIPS

Zu diesem Käsefondue aus Holland passen die Marinierten Zucchini (Seite 121), der Rettich-Tomaten-Salat (Seite 113) und Pfeffergürkchen.

REZEPTVARIATIONEN

◆ **Wenn Sie keinen Genever zur Hand haben, können Sie auch wahlweise Gin, einen klaren Korn oder Kümmelschnaps verwenden.**
◆ **Zur Geschmacksintensivierung haben Sie auch die Möglichkeit, einige Brotwürfel vor dem Eintauchen in das Fondue kurz in etwas Genever zu dippen. Doch Vorsicht – nur dippen, nicht vollsaugen lassen.**

INTERNATIONALE FONDUES

GETRÄNKETIPS

Ein trockener Weißwein rundet Ihr Käsefondue geschmacklich hervorragend ab. So können Sie zwischen einem trockenen Sancerre oder einem leichten trockenen Entre-Deux-Mers wählen. Auch ein kräftiges Bier paßt prima dazu.

UNGARISCHES WURSTFONDUE

Infoblock

- Arbeitszeit: ca. 40 Minuten
- 4 Portionen
- ca. 1010 kcal je Portion

Zutaten

Für das Fondue

2 grobe Kalbsbratwürste, ca. 300 g
400 g Schweinemett
300 g Knoblauchwurst, z. B. Debrezciner
2 rote Paprikaschoten
2 gelbe Paprikaschoten
1 Gemüsezwiebel oder 4 Küchenzwiebeln
1 l Maiskeimöl

Für die Sauce

1 EL eingelegte grüne Pfefferkörner
4 EL Magerquark
1 Prise Zucker
1 Prise Salz
4 EL Sahne

---

1 Das Bratwurstbrät aus den Därmen herausdrücken und mit dem Schweinemett verkneten. Aus dieser Masse mit feuchten Händen kleine Bällchen formen. Die Knoblauchwurst in Scheiben schneiden und mit den Bällchen hübsch anrichten.

2 Die Paprikaschoten putzen, waschen und in mundgerechte Stücke schneiden. Die Gemüsezwiebel schälen und grob würfeln. Auch diese Zutaten separat in Schälchen anrichten.

3 Die grünen Pfefferkörner sehr fein hacken. Den Magerquark glattrühren und mit dem Zucker und dem Salz würzen. Die Sahne steif schlagen. Sie zusammen mit den gehackten Pfefferkörnern unter die Quarkmasse heben und diese in vier Schälchen füllen.

4 Das Öl im Fonduetopf auf dem Herd erhitzen. Danach den Topf auf das heiße Rechaud stellen. Ebenso die Schälchen und Platten dekorativ auf dem Tisch verteilen. Fleischbällchen, Wurstscheiben, Paprika- und Zwiebelstücke auf Fonduegabeln spießen und im heißen Fett braten. Abschließend in die Pfeffersauce dippen.

BEILAGENTIPS

Zum Ungarischen Wurstfondue passen der Rauke-Tomaten-Salat (Seite 117), die Paprikacreme (Seite 94), verschiedene fertige Grillsaucen, Kräutersenf und scharfer Senf sowie Cornichons, Mixed Pickles und dunkles Bauernbrot.

REZEPTVARIATION

Ersetzen Sie die Kalbsbrätbällchen durch insgesamt 700 g Fleischkäse, Lyoner oder Wiener Würstchen. Die Brühwürste haben dann eine kürzere Garzeit als die Knoblauchwurst.

GETRÄNKETIP

Dieses kräftige Fondue wird durch ein würziges Bier aufs beste abgerundet.

INTERNATIONALE FONDUES

75

KALIFORNISCHES FONDUE

Infoblock

- Arbeitszeit: ca. 60 Minuten
- 4 Portionen
- ca. 690 kcal je Portion

Zutaten

Für die Zwiebeln

300 g kleine, möglichst gleich große Zwiebeln
½ TL Salz
6 EL Butter
3 EL brauner Zucker

Für das Fondue

600 g Putenbrustfilet
500 g geschälte Shrimps
einige Salatblätter
250 g Cherrytomaten
1 große Dose Maiskölbchen
1 l Sesamöl

1 Die Zwiebeln schälen und in wenig Salzwasser bißfest kochen; anschließend herausnehmen und abtropfen lassen. Die Butter in einem Topf zerlassen, das restliche Salz und den Zucker hineingeben und alles unter Rühren sirupartig einkochen.

2 Die Zwiebeln vorsichtig unter den Sirup rühren, bis sie ganz damit bedeckt sind. Dann alles bei schwacher Hitze noch eine Weile unter Rühren weiterkochen. Vorsicht, die Zwiebeln brennen leicht an. Abschließend die Zwiebeln abkühlen lassen und in eine Schale geben.

3 Das Putenbrustfilet und die Shrimps kalt abspülen und trockentupfen. Das Putenfleisch in mundgerechte Würfel schneiden und zusammen mit den Shrimps auf einer mit Salatblättern ausgelegten Platte dekorativ anrichten.

4 Die Tomaten waschen und halbieren. Die Maiskölbchen abtropfen lassen, trockentupfen und in 2 cm lange Stücke schneiden. Beides zusammen auf einer Platte verteilen.

5 Das Öl in einem Fonduetopf auf dem Herd heiß werden lassen. Den Fonduetopf danach auf das heiße Rechaud stellen. Die glasierten Zwiebeln sowie die übrigen Zutaten ebenfalls auf den Tisch stellen. Fleisch, Shrimps, Tomaten und Maiskölbchen auf Fonduegabeln spießen und im heißen Öl braten. Die Zwiebeln dazu essen.

BEILAGENTIPS

Zu diesem kalifornischen Fondue können Sie den Chinakohl-Mandarinen-Salat (Seite 116), die Bananen-Curry-Sauce (Seite 92), die Cumberlandsauce (Seite 105) und Weißbrot servieren.

REZEPTVARIATION

Zur Geschmacksintensivierung können Sie die Putenbrustwürfel vor dem Servieren auch etwa 20 Minuten in eine Marinade aus ⅛ l Orangensaft, 2 Eßlöffeln Weinbrand und etwas Cayennepfeffer einlegen.

GETRÄNKETIP

Mit einem trockenen Weißwein, wie z. B. einem kalifornischen Pinot Chardonnay oder Sauvignon Blanc können Sie dieses Fondue ganz vorzüglich komplettieren.

INTERNATIONALE FONDUES

ORIENTALISCHES FONDUE

Infoblock

- Quellzeit: ca. 12 Stunden
- Marinierzeit: ca. 24 Stunden
- Arbeitszeit: ca. 30 Minuten
- 4 Portionen
- ca. 990 kcal je Portion

Zutaten

Für das Fondue

300 g getrocknete Aprikosen
1 TL Zitronenpfeffer
4 EL Aprikosengeist
750 g Lammfleisch von der Keule
1 l Sojaöl

Für die Sauce

250 g kernlose, ungeschwefelte Rosinen
2 EL Honig
2 EL Paprika- oder Tomatenketchup
1 EL Sojasauce
etwas Salz
4 Tropfen Tabasco
1 Spritzer Worcestershiresauce

1 Die Aprikosen in eine Schüssel geben und mit dem Zitronenpfeffer bestreuen. 1 l Wasser mit dem Aprikosengeist verrühren, über die Aprikosen gießen und sie etwa 12 Stunden zugedeckt quellen lassen. Danach die Aprikosen abgießen und den Saft auffangen.

2 Das Lammfleisch in feine Streifen schneiden, in eine Schüssel geben und mit dem aufgefangenen Aprikosenwasser übergießen. Das Fleisch etwa 24 Stunden zugedeckt im Kühlschrank marinieren. Die Aprikosen währenddessen kühl lagern.

3 Nach der Ruhezeit die Rosinen zusammen mit ⅛ l Wasser im Mixer pürieren. Den Honig und das Ketchup darunterrühren und den Dip mit Sojasauce, Salz, Tabasco und Worcestershiresauce abschmecken. Ihn auf vier Schälchen verteilen und auf den Tisch stellen.

4 Die Fleischstreifen aus der Marinade nehmen, trockentupfen und zusammen mit den Aprikosen hübsch anrichten. Das Öl in einem Fonduetopf auf dem Herd erhitzen, dann auf das heiße Rechaud stellen. Je 1 Aprikose mit 1 Fleischstreifen umwickeln, aufspießen und im heißen Öl braten. Abschließend alles in den Rosinendip tauchen.

BEILAGENTIPS

Zu diesem orientalisch-süßen Fondue passen der Bunte Möhrensalat (Seite 109), die Nuß-Sauce (Seite 102), die Bananen-Curry-Sauce (Seite 92), die Süß-saure Sauce (Seite 104) und körniger Reis ausgezeichnet.

REZEPTVARIATION

Wenn Sie es noch süßer mögen, können Sie für das Fondue auch 150 g getrocknete Aprikosen, 150 g getrocknete Datteln und 750 g Lammfleisch nehmen.

GETRÄNKETIPS

Geschmacklich abrunden können Sie diese orientalische Köstlichkeit mit einem vollmundigen Rotwein, wie z. B. einem Bordeaux. Aber auch eine Apfelweinschorle oder ein schwarzer Tee paßt sehr gut.

INTERNATIONALE FONDUES

BUNTES SAHNEFONDUE

Infoblock

- ◆ Arbeitszeit: ca. 40 Minuten
- ◆ Marinierzeit: ca. 60 Minuten
- ◆ 4 Portionen
- ◆ ca. 430 kcal je Portion

Zutaten

Für das Fondue

300 g frische große Süßkirschen mit Stielen
150 g frische Himbeeren
2 Kiwis
1 mittelgroßer Apfel
1 Banane
2 EL Zitronensaft
60 ml brauner Rum

Für die Sauce

250 g Sahne
75 g Puderzucker
½ Vanilleschote, aufgeschlitzt
1–2 TL Speisestärke

GETRÄNKETIPS

Zu diesem Fondue passen Orangen- und Kirschsaft sehr gut, aber auch ein kleines Glas guter Rum.

1 Die Kirschen und Himbeeren waschen und sorgfältig trockentupfen. Kiwis, Apfel und Banane schälen. Die Kiwis und die Banane in Scheiben, den entkernten Apfel in Spalten schneiden.

2 Die Apfelspalten und die Bananenscheiben mit Zitronensaft beträufeln, damit sie nicht braun werden. Sie dann zusammen mit den Kiwis auf einer Platte dekorativ anrichten. Alles mit dem Rum beträufeln und etwa 60 Minuten mit Folie zugedeckt im Kühlschrank gut durchziehen lassen.

3 Nach der Marinierzeit die Sahne (2 Eßlöffel zum Anrühren der Speisestärke zurückbehalten) zusammen mit dem Zucker und der Vanilleschote in einem Topf auf dem Herd erwärmen. Dabei immer rühren, so daß sich das Mark aus der Vanilleschote löst.

4 Die Speisestärke mit den restlichen 2 Eßlöffeln Sahne anrühren, dann unter Rühren in die Vanillesahne geben und alles kurz aufkochen lassen. Anschließend die Vanilleschote entfernen.

5 Die Sahnesauce in ein Caquelon füllen und dieses auf ein brennendes Kerzenrechaud oder ein Stövchen stellen. Ebenso die Platten mit dem Obst dazustellen.

6 Die Früchte abwechselnd auf Gabeln stecken und in die Sahnesauce tauchen. Die Kirschen faßt man an den Stielen an und taucht sie auf diese Weise ein.

REZEPTVARIATION

Mit kleinen Honigkuchenstücken oder Orangenspalten können Sie diese sahnige Fonduekreation je nach Jahreszeit hervorragend variieren.

PRAKTISCHE TIPS

- ◆ Wenn Sie auch Kindern mit diesem Sahnefondue eine Freude machen wollen, dann lassen Sie das Marinieren mit Rum wegfallen.
- ◆ Hübsch sieht es aus, wenn Sie Kirschpärchen, die an den Stielen noch zusammenhängen, nehmen.

SÜSSE FONDUES

EISFONDUE

Infoblock

◆ Arbeitszeit: ca. 25 Minuten
◆ 4 Portionen
◆ ca. 410 kcal je Portion

Zutaten

Für die Sauce

250 g frische Himbeeren
2 EL Puderzucker
1 Päckchen Vanillezucker
2 EL Himbeergeist

Für das Fondue

200 g Erdbeeren
200 g Weintrauben
300 g Ananas
1 kg Eiswürfel
1000 g Fürst-Pückler-Eis im Block

1 Die Himbeeren verlesen, kurz unter kaltem Wasser abspülen und sorgfältig trockentupfen. Sie dann mit dem Pürierstab pürieren und mit 2 Eßlöffeln Wasser, dem Puderzucker und dem Vanillezucker so lange verrühren, bis sich der Zucker völlig aufgelöst hat. Danach den Himbeergeist hineinrühren, die Sauce in eine Schüssel geben und kalt stellen.

2 Inzwischen die Erdbeeren und die Weintrauben waschen und trockentupfen. Die Erdbeeren von den Stielen und Blättern befreien und die Trauben von den Stielen zupfen. Das Ananasstück schälen, den harten Mittelstrunk herausschneiden und das Fruchtfleisch in mundgerechte Stücke schneiden. Das Obst getrennt in Schälchen anrichten.

3 Die Eiswürfel in eine große Schüssel geben. Das Speiseeis in 3 cm große Würfel schneiden und in eine etwas kleinere Schüssel geben. Diese in die andere Schüssel stellen. So schmilzt das Eis nicht.

4 Die Himbeersauce in die Tischmitte stellen. Die anderen Schüsseln ringsherum anordnen. Die Speiseeiswürfel auf Gabeln spießen und in die Himbeersauce tauchen. Das Obst kann direkt gegessen oder durch die Sauce gezogen werden.

BEILAGENTIPS

Zu diesem kühlen Fondue passen Löffelbiskuits und schwach gesüßte Mürbeteigplätzchen.

REZEPTVARIATIONEN

◆ Sehr gut können Sie auch folgende Pfirsichsauce zum Eisfondue reichen: 3 Pfirsichhälften pürieren. Dann mit 6 Eßlöffeln Orangensaft und 3 Eßlöffeln Orangenlikör verrühren.

◆ Wer das Fondue lieber heiß mag, bereitet es folgendermaßen zu: Die Sauce nach Rezept herstellen, erhitzen und auf einem Kerzenrechaud warm halten. Das Eis weglassen und statt dessen 500 g Sandkuchen (in Würfeln) zum Eintauchen nehmen.

GETRÄNKETIPS

Geschmacklich können Sie das Eisfondue einfach mit einem Becher Milch oder mit einer Tasse Kaffee abrunden.

SÜSSE FONDUES

SCHOKOLADEN-KUMQUAT-FONDUE

Infoblock

- Arbeitszeit: ca. 20 Minuten
- 4 Portionen
- ca. 560 kcal je Portion

Zutaten

4 mittelgroße Birnen
2 EL Zitronensaft
200 g Kumquats (Zwergorangen)
200 g Sahne
100 g Vollmilchschokolade (1 Tafel)
100 g Zartbitterschokolade (1 Tafel)
abgeriebene Schale und Saft von 1 unbehandelten Orange
2–3 EL Whisky

1 Die Birnen schälen, vierteln, entkernen und in etwa 1 cm dicke Spalten schneiden. Diese nochmals halbieren, dann sofort mit Zitronensaft beträufeln, damit sie sich nicht verfärben. Die Kumquats heiß waschen, gründlich abtrocknen, halbieren und mit einem spitzen Messer entkernen. Die Zutaten getrennt in Schälchen anrichten.

2 Die Sahne in einen Topf geben und auf dem Herd erwärmen. Die Schokoladensorten in kleine Stücke brechen und in der Sahne bei mittlerer Hitze schmelzen lassen. Dabei immer wieder umrühren, damit die Creme nicht am Boden ansetzt.

3 Die Orangenschale und den durchgesiebten Orangensaft unter die Schokoladencreme rühren. Diese danach in einem Fonduetopf umfüllen und auf ein brennendes Kerzenrechaud oder Stövchen stellen. Dann erst den Whisky darunterrühren.

4 Die Fonduezutaten um das Rechaud stellen. Abwechselnd Birnenspalten und Kumquats auf Fonduegabeln spießen und durch die Schokoladencreme ziehen. Achten Sie darauf, daß das Fondue auf dem Rechaud nicht zu kochen beginnt.

REZEPTVARIATIONEN

◆ Eine besondere Geschmacksvariante bekommen Sie, wenn Sie die Vollmilchschokolade durch die gleiche Menge an Schoko-Pfefferminz-Blättchen ersetzen. Der Orangensaft und die -schale entfallen dann. Anstelle des Whiskys rühren Sie bei dieser Variation 1 Eßlöffel Pfefferminzlikör in das Fondue ein.

◆ Zum Eintauchen können Sie auch Amaretti (Mandelmakronen), Mandelplätzchen, getrocknete Datteln und Walnußkerne nehmen.

GETRÄNKETIP

Zu diesem fruchtigen Schokoladenfondue empfehlen wir Ihnen frisch gepreßten Orangensaft.

SÜSSE FONDUES

TRAUBENFONDUE

Infoblock

- Arbeitszeit: ca. 30 Minuten
- 4 Portionen
- ca. 580 kcal je Portion

Zutaten

250 g blaue Weintrauben
250 g grüne Weintrauben
250 g Sahne
1 EL Pulverkaffee
100 g Zartbitterschokolade (1 Tafel)
100 g Vollmilchschokolade (1 Tafel)
1 EL Mokkalikör

GETRÄNKETIP

Zu diesem Traubenfondue können Sie einen starken Kaffee oder eine heiße Schokolade servieren.

1 Die Weintrauben waschen und trockentupfen. Die Beeren von den Stielen zupfen und zusammen auf einer Platte dekorativ anrichten.

2 Die Sahne in einen Topf gießen und auf dem Herd erhitzen. Den Pulverkaffee hineinrühren und darin auflösen. Dabei ständig rühren, damit sich keine Klümpchen bilden.

3 Die Schokoladensorten in kleine Stücke brechen, in die Sahne geben und darin bei mittlerer Hitze unter ständigem Rühren schmelzen. Die Schokoladencreme dann in ein Caquelon füllen und dieses auf ein brennendes Kerzenrechaud stellen.

4 Den Mokkalikör ganz zum Schluß in die Schokoladensauce einrühren. Jeweils 1 blaue und 1 grüne Weintraube auf eine Fonduegabel stecken und durch die Sauce ziehen.

REZEPTVARIATIONEN

- **Etwas hochprozentiger wird das Fondue, wenn Sie 100 bis 200 g Rumtopffrüchte mit etwas Rumtopfflüssigkeit oder aber 150 g gekaufte Armagnacpflaumen unter die Schokoladencreme rühren.**
- **Sand- oder Schokoladenkuchenwürfel eignen sich auch zum Eintauchen in die Sauce.**

SÜSSE FONDUES

KINDERFONDUE

Infoblock

◆ Arbeitszeit: ca. 35 Minuten
◆ 4 Portionen
◆ ca. 790 kcal je Portion

Zutaten

250 g Äpfel
2 EL Zitronensaft
250 g Clementinen
150 g Sandkuchen
10 Löffelbiskuits
125 g Sahne
2 EL Honig
200 g Vollmilchschokolade
(2 Tafeln)
75 g gehackte Walnüsse

1 Die Äpfel schälen, vierteln, entkernen und in Spalten schneiden. Sie sofort danach mit dem Zitronensaft beträufeln, damit sie sich nicht verfärben. Die Clementinen schälen und in Spalten zerteilen. Das Obst dekorativ auf einer Platte anrichten. Den Sandkuchen in mundgerechte Würfel schneiden und zusammen mit den Löffelbiskuits auf einer zweiten Platte anrichten.

2 Die Sahne und den Honig zusammen in einem Topf auf dem Herd erhitzen. Die Schokolade in kleine Stücke brechen und darin bei mittlerer Hitze schmelzen. Dabei immer wieder umrühren, damit die Creme nicht am Topfboden ansetzt. Danach die Nüsse darunterrühren.

3 Die Nußsauce in einen Fonduetopf füllen und diesen auf ein brennendes Kerzenrechaud oder auf ein Stövchen stellen. Die zwei Platten mit den Fonduezutaten um das Rechaud verteilen.

4 Abwechselnd Apfel- und Clementinenspalten sowie Kuchenwürfel auf Fonduegabeln spießen und durch die Nußsauce ziehen. Die Löffelbiskuits werden ebenfalls so eingetaucht.

REZEPTVARIATIONEN

◆ Wenn Sie keine frischen Clementinen bekommen, können Sie statt dessen auch die gleiche Menge abgetropfter Mandarinenfilets aus der Dose nehmen.

◆ Zum Eintauchen können Sie auch Mandelplätzchen, Waffelröllchen und Melonenwürfel verwenden.

◆ Statt der Walnüsse für die Schokoladensauce können Sie auch die gleiche Menge Kokosraspel nehmen.

◆ Je nach Jahreszeit und Obstangebot läßt sich dieses Fondue beliebig variieren. So bieten sich im Frühsommer Erdbeeren, im Sommer Kirschen, Aprikosen, Pfirsiche, Pflaumen und Stachelbeeren und im Frühherbst Äpfel, Birnen und Weintrauben an.

GETRÄNKETIP

Zu diesem Kinderfondue paßt ein Glas Milch einfach am besten.

SÜSSE FONDUES

EXOTISCHES FONDUE

Infoblock

- Arbeitszeit: ca. 40 Minuten
- 4 Portionen
- ca. 490 kcal je Portion

Zutaten

1 Netzmelone
200 g Datteln
1 mittelgroße Kaki
2 Karambolen (Sternfrüchte)
6 Zitronen
6 Orangen
3 EL Waldhonig
75 g Kokosraspel

1 Die Melone halbieren. Die Kerne entfernen und das Fruchtfleisch mit einem Kugelausstecher zu Kugeln herauslösen. Die Datteln waschen, halbieren und entsteinen. Die Kaki waschen, abtrocknen, vom Stengelansatz befreien und in feine Spalten schneiden. Diese quer halbieren.

2 Die Karambolen heiß abspülen, trockentupfen und in dünne Scheiben schneiden. Diese nochmals halbieren. Die vorbereiteten Früchte getrennt in Schälchen oder dekorativ auf einer großen Platte anrichten.

3 Die Zitronen und die Orangen auspressen und den Saft in einen Fonduetopf gießen. Den Honig darunterrühren und alles auf dem Herd aufkochen lassen. Danach den Fonduetopf auf ein heißes Rechaud stellen.

4 Die Kokosraspel auf vier Portionsschälchen verteilen und neben die Fondueteller stellen. Die Obstschalen oder die Platte dazustellen. Das Obst auf Fonduegabeln spießen, etwa 2 Minuten in die heiße Flüssigkeit tauchen und dann in den Kokosraspeln wenden.

BEILAGENTIPS

Zu diesem wahrhaft exotischen Fondue passen sehr gut Löffelbiskuits und zartes Mandelgebäck.

REZEPTVARIATION

Sie können die Früchte auch einmal in einen Orangenschaum tauchen. Dafür 3 Eigelbe zusammen mit 5 Eßlöffeln Puderzucker im lauwarmen Wasserbad schaumig schlagen. Dann den Saft von 4 Orangen unter ständigem Rühren dazugeben. Die Mischung cremig schlagen, dann auf ein heißes Rechaud stellen und dort lauwarm halten. Achtung, da diese Sauce rohe Eigelbe enthält, sollte sie noch am Tag der Herstellung verzehrt werden.

GETRÄNKETIPS

Mit einer Tasse Kaffee oder mit einem Glas Sekt können Sie diesen exotischen Traum abrunden.

SÜSSE FONDUES

BANANEN-CURRY-SAUCE

Infoblock

- Arbeitszeit: ca. 15 Minuten
- 4 Portionen
- ca. 160 kcal je Portion

Zutaten

4 Bananen
3 Schalotten
3 EL Tomatenketchup
2 EL Zitronensaft
2 EL Sonnenblumenöl
1 TL Currypulver
1 TL Zucker
1 EL Schnittlauchröllchen

1 Die Bananen und die Schalotten schälen und in grobe Stücke schneiden. Die Zutaten zusammen mit dem Pürierstab oder im Mixer fein pürieren.

2 Das Tomatenketchup, den Zitronensaft, das Öl sowie das Currypulver unter die Sauce rühren. Sie mit Zucker abschmecken, in ein Schälchen geben und mit den Schnittlauchröllchen bestreuen.

PRAKTISCHER TIP

Sie können diese Bananen-Curry-Sauce sehr gut zu folgenden Fondues reichen: Champagnerfondue (Seite 24), Feuertopf mit dreierlei Geflügel (Seite 30), Puten-Obst-Fondue (Seite 32), Bourdéto aus Korfu (Seite 70), Kalifornisches Fondue (Seite 76) und Orientalisches Fondue (Seite 78).

SAUCEN

FEURIGE ZWIEBELSAUCE

Infoblock

- Arbeitszeit: ca. 30 Minuten
- 4 Portionen
- ca. 90 kcal je Portion

Zutaten

250 g rote Zwiebeln
250 g weiße Zwiebeln
1 EL Sojaöl
1 EL Zucker
2 EL heller Reisessig
oder Apfelessig
etwas Salz
etwas Cayennepfeffer

1 Die Zwiebeln schälen und in sehr kleine Würfel schneiden. Das Öl erhitzen und die Zwiebeln darin unter Rühren bei starker Hitze leicht bräunen.

2 Den Zucker dazugeben und kurz anrösten. 150 ml Wasser angießen und alles etwa 15 Minuten zugedeckt bei mittlerer Hitze köcheln lassen, bis die Zwiebeln weich sind. Die Sauce mit Essig, Salz und Cayennepfeffer pikant abschmecken und in ein Schälchen geben.

PRAKTISCHE TIPS

- Zum Feuertopf mit dreierlei Geflügel (Seite 30), zum Sukiyaki (Seite 62) und zum Fondue chinoise (Seite 22) können Sie diese feurige Zwiebelsauce ausgezeichnet servieren.

- Reisessig ist milder als unsere heimischen Essigsorten. Sie erhalten ihn in Asienläden. Wenn Ihnen Apfelessig nicht mild genug ist, können Sie noch etwas Wasser mit in die Sauce geben.

PAPRIKACREME

Infoblock

- Arbeitszeit: ca. 55 Minuten
- 4 Portionen
- ca. 110 kcal je Portion

Zutaten

2 große rote Paprikaschoten
1 Zwiebel
⅛ l trockener Weißwein
3 EL Sherryessig
1 Prise Zucker
100 g Schmand
oder saure Sahne
etwas Salz
etwas schwarzer Pfeffer
aus der Mühle
2–3 Spritzer Worcestershiresauce

1 Den Backofen auf 220 °C vorheizen. Die Paprikaschoten halbieren, mit den Schnittflächen auf ein Backblech legen und im Ofen etwa 30 Minuten backen, bis die Haut Blasen wirft. Inzwischen die Zwiebel schälen und halbieren.

2 Die Paprikaschoten aus dem Ofen nehmen, mit einem feuchten Geschirrtuch bedecken und etwa 5 Minuten ruhen lassen. Danach die Haut von den Schoten vorsichtig abziehen. Die Paprikaschoten putzen und zusammen mit den Zwiebelhälften im Mixer pürieren.

3 Den Wein zusammen mit dem Essig aufkochen lassen, dann mit dem Zucker und dem Paprikapüree verrühren. Den Schmand oder die saure Sahne darunterrühren.

4 Die Creme mit Salz, Pfeffer und Worcestershiresauce würzen und in ein Schälchen geben.

PRAKTISCHER TIP

Diese Paprikacreme können Sie zur Tempura (Seite 20), zum Fondue mit Meeresfrüchten (Seite 40), zum Knusprigen Hackfleischfondue (Seite 28), Pellkartoffelfondue (Seite 44), Koreanischen Feuertopf (Seite 60) und zum Wurstfondue (Seite 74) reichen.

SAUCEN
BASILIKUMPESTO

1 Die Basilikumblätter abspülen und trockentupfen. Die Pinienkerne in einer Pfanne ohne Fettzugabe ganz schwach rösten, dann abkühlen lassen. Die Knoblauchzehen schälen und dann sehr fein würfeln.

2 Basilikum, Pinienkerne, Knoblauch sowie das Salz zusammen im Mörser zu einer Paste verarbeiten oder im Mixer fein pürieren. Im Anschluß nach und nach den Käse und das Öl dazugeben und rühren, bis das Pesto schön sämig ist. Es dann in ein Schälchen geben.

Infoblock
- Arbeitszeit: ca. 30 Minuten
- 4 Portionen
- ca. 340 kcal je Portion

Zutaten
40 g Basilikumblätter
2 EL Pinienkerne
3 Knoblauchzehen
1 Prise Salz
1½ EL frisch geriebener Parmesan
1½ EL frisch geriebener Pecorino (italienischer Hartkäse)
⅛ l kaltgepreßtes Olivenöl

PRAKTISCHER TIP
Diese traditionelle italienische Sauce können Sie zum Mozzarella-Schinken-Fondue (Seite 34), zum Italienischen Gemüsefondue (Seite 66) und zum Bourdéto aus Korfu (Seite 70) reichen.

PARISER KRÄUTERSAUCE

Infoblock

- Arbeitszeit: ca. 10 Minuten
- 4 Portionen
- ca. 120 kcal je Portion

Zutaten

100 g Frischkäse
150 g Sahnejoghurt
2 EL Zitronensaft
etwas Salz
1 Prise Zucker
5 EL feingehackte, gemischte Kräuter, wie Dill, Kerbel, Petersilie und Schnittlauch

1 Den Frischkäse durch ein Sieb drücken und mit dem Joghurt glattrühren. Die Creme mit Zitronensaft, etwas Salz und Zucker pikant abschmecken.

2 Zum Schluß die Kräuter unter die Sauce rühren, diese in ein Schälchen geben und servieren.

PRAKTISCHER TIP

Die Kräutersauce paßt hervorragend zum Fondue mit Meeresfrüchten (Seite 40), zum Knusprigen Hackfleischfondue (Seite 28) und zum Pellkartoffelfondue (Seite 44).

REZEPTVARIATION

Statt der frischen Kräuter können Sie notfalls auch 5 Teelöffel getrocknete Kräuter nehmen. Zerreiben Sie diese in der Hand, und lassen Sie sie zwischen 15 und 30 Minuten im Joghurt ziehen. Dann mit dem Käse verrühren und würzen.

SAUCEN

MANGODIP

Infoblock

- Arbeitszeit: ca. 10 Minuten
- 4 Portionen
- ca. 90 kcal je Portion

Zutaten

1 Apfel
2 EL Sahnejoghurt
2 EL saure Sahne
3 EL feingehacktes Mangochutney aus dem Glas
1 TL Sahnemeerrettich
1 TL mittelscharfer Senf
1 EL Honig
etwas Zucker und Salz
etwas Cayennepfeffer

1 Den Apfel schälen, vierteln, entkernen und fein reiben. Ihn dann mit Joghurt, Sahne, Mangochutney, Meerrettich, Senf und Honig verrühren.

2 Die Sauce mit Zucker, Salz und Pfeffer pikant abschmecken und in ein Schälchen geben.

PRAKTISCHER TIP

Diesen Mangodip können Sie sehr gut zum Fondue chinoise (Seite 22), zum Tofufondue (Seite 50), zum Spinat-Punsch-Fondue (Seite 36), zum Fondue bourguignonne (Seite 12) und zum Süß-sauren Fondue (Seite 38) reichen.

GEMÜSERELISH

Infoblock

- Arbeitszeit: ca. 45 Minuten
- 4 Portionen
- ca. 120 kcal je Portion

Zutaten

2 Zwiebeln
1 Knoblauchzehe
1 rote Paprikaschote
1 gelbe Paprikaschote
1 Zucchino
1 kleine Fleischtomate
2 EL Öl
⅛ l trockener Weißwein
6 EL Sherryessig
1 EL Zucker
etwas Salz
etwas edelsüßes Paprikapulver
½ TL Currypulver
etwas Cayennepfeffer

1 Die Zwiebeln und den Knoblauch schälen und fein würfeln. Die Paprikaschoten putzen, waschen und entkernen. Sie danach kleinwürfeln.

2 Den Zucchino vom Stengelansatz befreien, waschen und ebenfalls kleinwürfeln. Die Tomate über Kreuz einritzen, kurz heiß überbrühen, abschrecken und enthäuten. Sie dann entkernen und fein hacken.

3 Das Öl in einem großen Topf erhitzen. Zwiebeln und Knoblauch darin glasig dünsten. Das restliche Gemüse dazugeben und etwa 5 Minuten anbraten.

4 Danach den Wein und den Essig angießen und alles mit den Gewürzen pikant abschmecken. Das Relish bei mittlerer Hitze etwa 20 Minuten köcheln lassen. Es dann abkühlen lassen und in einem Schälchen servieren.

PRAKTISCHER TIP

Das Gemüserelish paßt zum Gemüsefondue (Seite 58), Oliven-Käse-Fondue (Seite 54), Auberginen-Zucchini-Fondue (Seite 56), Knusprigen Hackfleischfondue (Seite 28), Pellkartoffelfondue (Seite 44), Italienischen Gemüsefondue (Seite 66) und zum Bourdéto aus Korfu (Seite 70).

SAUCEN
KIWICHUTNEY

1 Die Kiwis schälen und in Würfel schneiden. Die Schalotten schälen und sehr fein hacken. Den Ingwer schälen und fein reiben. Den Zucker zusammen mit ⅛ l Wasser aufkochen lassen. Die Kiwiwürfel hineingeben und darin weich kochen.

2 Ingwer, Schalotten, Rosinen, Koriander und Zitronensaft zu den Kiwis geben. Den Essig und den Honig darunterrühren und alles bei schwacher Hitze im offenen Topf einkochen lassen, bis es leicht andickt. Dabei gelegentlich umrühren.

3 Zum Schluß das Chutney in ein Schälchen geben, auskühlen lassen und die Mandeln darüberstreuen.

PRAKTISCHER TIP

Dieses Kiwichutney können Sie ausgezeichnet zum Fondue bourguignonne (Seite 12), zum Champagnerfondue (Seite 24), zum Fischbällchenfondue (Seite 42), zum Koreanischen Feuertopf (Seite 60) und zum Fondue chinoise (Seite 22) servieren.

Infoblock

◆ Arbeitszeit: ca. 30 Minuten
◆ 4 Portionen
◆ ca. 150 kcal je Portion

Zutaten

5 Kiwis
4 Schalotten
1 Stück frischer Ingwer, ca. 4 cm lang
2 EL Zucker
1 EL ungeschwefelte Rosinen
½ TL Koriandersamen
Saft und abgeriebene Schale von ½ unbehandelten Zitrone
2 EL Balsamessig (Aceto balsamico)
1 EL Honig
1 TL Mandelstifte

LIMETTENDIP

Infoblock

- Arbeitszeit: ca. 15 Minuten
- Kühlzeit: ca. 30 Minuten
- 4 Portionen
- ca. 60 kcal je Portion

Zutaten

150 g glatte oder krause Petersilie
2 Limetten
2 EL Crème fraîche
etwas schwarzer Pfeffer aus der Mühle

1 Die Petersilie unter kaltem Wasser abspülen und gründlich trockenschleudern. Danach die groben Stiele entfernen. 1 Limette heiß abwaschen, abtrocknen und die Schale fein abreiben. Beide Limetten auspressen.

2 Die Petersilie zusammen mit dem Limettensaft und der -schale im Mixer pürieren. Dann die Crème fraîche darunterrühren und den Dip mit Pfeffer abschmecken. Ihn dann etwa 30 Minuten zugedeckt in den Kühlschrank stellen.

PRAKTISCHER TIP

Dieser Limettendip paßt gut zum Tomaten-Spargel-Fondue (Seite 48), zum Champagnerfondue (Seite 24) und zum Feuertopf mit dreierlei Geflügel (Seite 30).

SAUCEN

TOMATEN-JOGHURT-SAUCE

Infoblock

- Arbeitszeit: ca. 20 Minuten
- 4 Portionen
- ca. 70 kcal je Portion

Zutaten

250 g Tomaten
4 Frühlingszwiebeln
250 g Sahnejoghurt
1 EL passierte Tomaten
(Fertigprodukt)
etwas Salz
etwas weißer Pfeffer

1 Die Tomaten über Kreuz einritzen, kurz überbrühen, dann abschrecken und enthäuten. Anschließend die Tomaten vierteln, entkernen und kleinwürfeln. Die Frühlingszwiebeln waschen, putzen und in feine Ringe schneiden.

2 Den Sahnejoghurt mit den passierten Tomaten, den Tomatenwürfelchen und den Frühlingszwiebelringen verrühren. Die Sauce mit Salz und Pfeffer pikant abschmecken und in ein Schälchen geben.

PRAKTISCHER TIP

Servieren Sie die Sauce zum Gemüsefondue (Seite 58), Tomaten-Spargel-Fondue (Seite 48), Pilzfondue (Seite 52), Winzerfondue (Seite 26) und zum Italienischen Gemüsefondue (Seite 66).

NUSS-SAUCE

Infoblock

◆ Arbeitszeit: ca. 30 Minuten
◆ 4 Portionen
◆ ca. 340 kcal je Portion

Zutaten

250 g Tomaten
1 Scheibe Toastbrot ohne Rinde
2 Knoblauchzehen
100 g kaltgepreßtes Olivenöl
3 Zweige Basilikum
50 g Walnußkerne
1 EL trockener Sherry
etwas Salz
etwas weißer Pfeffer
½ TL Sherryessig

1 Die Tomaten über Kreuz einritzen, überbrühen, abschrecken und enthäuten. Sie dann vierteln und entkernen. Das Toastbrot in Würfel schneiden. Die Knoblauchzehen schälen und fein hacken.

2 Dann 5 Eßlöffel des Öls in einer Pfanne erhitzen und die Brotwürfel darin goldbraun rösten. Den Knoblauch dazugeben und ihn kurz andünsten. Die Tomaten dazugeben und kurz mitdünsten.

3 Die Tomaten-Brot-Mischung zusammen mit dem gewaschenen Basilikum und den Walnußkernen im Mixer fein pürieren. Nach und nach das restliche Öl und den Sherry unter Rühren zufließen lassen, so daß eine Sauce ähnlich einer Mayonnaise entsteht.

4 Die Nuß-Sauce mit Salz, Pfeffer und dem Sherryessig pikant abschmecken und in ein Schälchen geben.

PRAKTISCHER TIP

Die Nuß-Sauce paßt sehr gut zum Orientalischen Fondue (Seite 78) und zu allen Lammfondues sowie zu Fondues mit Fisch.

SAUCEN
TATARENSAUCE

1 Das Eigelb mit dem Senf verquirlen und mit Salz und Pfeffer abschmecken. Den Zitronensaft darunterrühren und das Öl unter ständigem Rühren tropfenweise dazugeben, bis eine Mayonnaise entstanden ist.

2 Die Zwiebeln schälen und zusammen mit den abgetropften Cornichons sehr fein hacken. Beides zusammen mit den Kapern unter die Mayonnaise rühren.

3 Das hartgekochte Ei pellen, fein hacken und vorsichtig unter die Sauce heben. Diese in ein Schälchen geben.

Infoblock
- Arbeitszeit: ca. 25 Minuten
- 4 Portionen
- ca. 320 kcal je Portion

Zutaten
1 Eigelb
1 TL scharfer Senf
etwas Salz
etwas weißer Pfeffer
½ TL Zitronensaft
⅛ l Walnuß- oder Sonnenblumenöl
2 Zwiebeln
3 Cornichons
1 EL Kapern
1 hartgekochtes Ei

PRAKTISCHE TIPS

◆ Die Tatarensauce paßt gut zum Fondue bourguignonne (Seite 12), zum Fischbällchenfondue (Seite 42), zum Mozzarella-Schinken-Fondue (Seite 34) und zum Süß-sauren Fondue (Seite 38).

◆ Wenn es sehr schnell gehen soll, können Sie für die Sauce auch 150 bis 200 g gekaufte Mayonnaise nehmen und die Zwiebeln, Cornichons, Kapern sowie das Ei einfach darunterrühren.

SÜSS-SAURE SAUCE

Infoblock

- Arbeitszeit: ca. 10 Minuten
- 4 Portionen
- ca. 60 kcal je Portion

Zutaten

2 kleine rote Chilischoten
5 EL Reis- oder Apfelessig
4 EL helle Sojasauce
4 EL Austernsauce (aus dem Asienladen)

1 Die Chilischoten der Länge nach halbieren und die Kerne mit einem spitzen Messer herauskratzen. Die Schoten dann waschen, trockentupfen und sehr fein hacken.

2 Die Chilis mit dem Reis- oder Apfelessig, der Soja- und der Austernsauce verrühren und in ein Schälchen füllen.

PRAKTISCHER TIP

Diese klassische Sauce paßt ausgezeichnet zum Tofufondue (Seite 50), Spinat-Punsch-Fondue (Seite 36), Vietnamesischen Fondue (Seite 64) und zum Orientalischen Fondue (Seite 78).

REZEPTVARIATION

Für eine Ingwersauce schälen Sie 1 Stück frischen Ingwer und hacken ihn sehr fein. Den Ingwer dann mit 8 Eßlöffeln Reisessig, 8 Eßlöffeln Sojasauce und 2 Eßlöffeln Sesamöl verrühren.

SAUCEN

CUMBERLANDSAUCE

Infoblock

- Arbeitszeit: ca. 15 Minuten
- 4 Portionen
- ca. 130 kcal je Portion

Zutaten

1 unbehandelte Orange
150 g rotes Johannisbeergelee
¼ TL Senfpulver
¼ TL gemahlener Ingwer
2 EL Portwein
1 EL Cognac oder Weinbrand
etwas Cayennepfeffer

1 Die Orange unter heißem Wasser waschen, abtrocknen und die Schale mit einem Zestenreißer in feine Streifen abziehen. Die Schale in ein Sieb geben, mit kochendem Wasser überbrühen und gut abtropfen lassen. Anschließend die Orange auspressen.

2 Das Johannisbeergelee mit Orangensaft, Senf- und Ingwerpulver sowie Portwein und Cognac oder Weinbrand gut verrühren.

3 Die Sauce mit Cayennepfeffer abschmecken, in ein Schälchen geben und zuletzt mit den überbrühten Orangenschalen (Julienne) bestreuen.

PRAKTISCHER TIP

Diese Cumberlandsauce können Sie zum Winzerfondue (Seite 26), Kalifornischen Fondue (Seite 76), Spinat-Punsch-Fondue (Seite 36) und Puten-Obst-Fondue (Seite 32) servieren.

PFLAUMENKETCHUP

Infoblock
- Arbeitszeit: ca. 1¼ Stunden
- 4 Portionen
- ca. 180 kcal je Portion

Zutaten
500 g frische Pflaumen
125 g Schalotten
1 Knoblauchzehe
1 Stück frischer Ingwer, ca. 4 cm lang
1 unbehandelte Orange
2 eingelegte Chilischoten
4 EL Rotwein
2–3 EL Rotweinessig
70 g brauner Rohrzucker
½ TL Macis (Muskatblüte)
½ TL Zimtpulver
etwas Salz

PRAKTISCHER TIP
Dieses schmackhafte Pflaumenketchup paßt gut zum Tofufondue (Seite 50), Pilzfondue (Seite 52), Winzerfondue (Seite 26), Süß-sauren Fondue (Seite 38) und zum Sukiyaki (Seite 62).

1 Die Pflaumen waschen, halbieren und entkernen. Die Schalotten und den Knoblauch schälen und in Würfel schneiden. Den Ingwer schälen und ebenfalls würfeln.

2 Die Orange unter heißem Wasser abspülen, trockenreiben und dünn schälen (die weiße pelzige Haut nicht mit abschneiden). Die Schale fein hacken und kurz in kochendem Wasser blanchieren. Die Orange auspressen. Die Chilischoten fein hacken.

3 Pflaumen, Schalotten, Knoblauch und Ingwer zusammen mit dem Rotwein, dem Orangensaft und der -schale sowie mit Essig, Zucker, Chilischoten und den Gewürzen in einem Topf zum Kochen bringen. Alles zugedeckt etwa 15 Minuten bei schwacher Hitze köcheln lassen, dann weitere 30 Minuten ohne Deckel einkochen lassen.

4 Die Sauce durch ein Sieb streichen oder im Mixer pürieren und erneut erhitzen. Sie nochmals mit den Gewürzen gegebenenfalls abschmecken, in ein Schälchen geben und abkühlen lassen.

SAUCEN
AVOCADOSAUCE

1 Die Avocados halbieren, entsteinen und das Fruchtfleisch mit einem Eßlöffel aus den Schalen lösen. Etwa ein Sechstel davon in kleine Würfel schneiden oder mit einem Kugelausstecher kleine Kugeln aus dem Fruchtfleisch herauslösen. Die Würfel oder Kugeln mit etwas Zitronensaft beträufeln und zugedeckt kühl stellen.

2 Das restliche Fruchtfleisch zusammen mit dem verbliebenen Zitronensaft pürieren. Es danach zusammen mit dem Schmand und dem Senf schaumig rühren.

3 Die Zwiebeln schälen, fein reiben und unter die Sauce rühren. Diese mit Salz, Pfeffer und Worcestershiresauce pikant abschmecken und den Gin darunterrühren. Die Sauce in ein Schälchen geben und das feingewürfelte Avocadofleisch oder die Kügelchen darüberstreuen.

Infoblock
- Arbeitszeit: ca. 20 Minuten
- 4 Portionen
- ca. 300 kcal je Portion

Zutaten
2 vollreife Avocados
2 EL Zitronensaft
2 EL Schmand (saure Sahne mit 24% Fett)
1 TL mittelscharfer Senf
½ Zwiebel
etwas Salz
etwas weißer Pfeffer
1 Spritzer Worcestershiresauce
1–2 TL Gin

PRAKTISCHER TIP
Diese feine Avocadosauce empfehlen wir Ihnen zur Tempura (Seite 20), zum Spinat-Punsch-Fondue (Seite 36) und zum Fondue mit Meeresfrüchten (Seite 40).

BROKKOLISALAT

Infoblock

- ◆ Arbeitszeit: ca. 35 Minuten
- ◆ 4 Portionen
- ◆ ca. 210 kcal je Portion

Zutaten

750 g Brokkoli
200 g Blumenkohl
etwas Salz
6 EL Weißweinessig
etwas schwarzer Pfeffer
aus der Mühle
1 Prise Zucker
6 EL Walnußöl

1 Brokkoli und Blumenkohl waschen, putzen und in kleine Röschen zerteilen. Die Brokkolistiele schälen und in dünne Scheiben schneiden.

2 Den Blumenkohl in kochendes Salzwasser geben und darin etwa 5 Minuten garen. Dann die Brokkoliröschen dazugeben und alles weitere 5 Minuten garen. Das Gemüse in einem Sieb abtropfen lassen. 2 Eßlöffel des Kochwassers dabei auffangen.

3 Das Kochwasser mit dem Essig, etwas Salz und Pfeffer sowie dem Zucker verrühren. Danach das Öl darunterschlagen.

4 Die Salatzutaten in eine Schüssel geben. Die Marinade daruntermischen und den Salat zugedeckt etwa 10 Minuten durchziehen lassen. Ihn danach nochmals abschmecken.

PRAKTISCHER TIP

Der Salat paßt gut zur Tempura (Seite 20), zum Gemüsefondue im Bierteig (Seite 58) und zum Pilzfondue (Seite 52).

BEILAGEN

BUNTER MÖHRENSALAT

Infoblock

- Arbeitszeit: ca. 25 Minuten
- 4 Portionen
- ca. 100 kcal je Portion

Zutaten

1 große Möhre
¼ Sellerieknolle (ca. 150 g)
1 großer Zucchino
1 säuerlicher Apfel
5 EL Sahne
1 Prise Salz
1 Prise Zucker
4 EL Orangensaft
abgeriebene Schale von
½ unbehandelten Orange

1 Die Möhre und den Sellerie putzen, schälen und grob raspeln. Den Zucchino putzen, waschen und würfeln. Den Apfel eventuell schälen, vom Kerngehäuse befreien und ebenfalls würfeln. Alle Zutaten in einer Schüssel mischen.

2 Für die Salatsauce die Sahne mit den Gewürzen, dem Orangensaft und der -schale verrühren. Die Sauce über die Salatzutaten geben, darunterheben und den Salat gut durchziehen lassen.

PRAKTISCHER TIP

Diesen schmackhaften Möhrensalat können Sie zum Sukiyaki (Seite 62), zum Japanischen Shabu-Shabu (Seite 68) und zum Orientalischen Fondue (Seite 78) servieren.

BUNTER BLATTSALAT

Infoblock

- Arbeitszeit: ca. 25 Minuten
- 4 Portionen
- ca. 140 kcal je Portion

Zutaten

1 Staude Chicorée
100 g Kopfsalat
150 g Eichblattsalat
1 Bund Radieschen
150 g Salatgurke
1 rote Zwiebel
1 Knoblauchzehe
3 EL Balsamessig
(Aceto balsamico)
5 EL Öl
etwas Salz
etwas schwarzer Pfeffer
aus der Mühle
1 Prise Zucker
½ Bund Zitronenmelisse

1 Den Chicorée waschen, putzen und den bitteren Strunk keilförmig herausschneiden. Die Salate verlesen, waschen und in mundgerechte Stücke zupfen.

2 Radieschen und Gurke waschen, putzen und in feine Scheiben schneiden. Die Zwiebel schälen und in Ringe schneiden. Gemüse und Salatblätter in einer Schüssel mischen.

3 Den Knoblauch schälen, fein hacken und mit Essig, Salz, Pfeffer und Zucker verrühren. Das Öl darunterschlagen. Die Zitronenmelisse waschen, fein hacken und unter die Salatsauce mischen. Diese über den Salat träufeln und dann vorsichtig daruntermischen.

PRAKTISCHER TIP

Der knackige Salat paßt gut zum Fondue bourguignonne (Seite 12) und zum Mozzarella-Schinken-Fondue (Seite 34).

REZEPTVARIATIONEN

◆ Die Salate können Sie je nach Angebot beliebig austauschen. Sehr gut schmecken z. B. folgende Kombinationen: Kopfsalat, Radicchio und Eichblattsalat sowie Chicorée, Batavia- und Eisbergsalat.

◆ Wer den Salat üppiger möchte, gibt noch 150 g gekochten Schinken und 150 g Butterkäse (beides in Streifen geschnitten) dazu.

◆ Mögen Sie statt der Vinaigrette lieber eine Sahnesauce, verrühren Sie den Essig mit jeweils 2 Eßlöffeln Öl und saurer oder süßer Sahne. Die Sauce dann mit etwas kaltem Wasser verdünnen und mit Salz, Pfeffer, Zucker und zerdrücktem Knoblauch abschmecken.

◆ Für einen Bauernsalat lassen Sie die Radieschen und den Chicorée weg und nehmen statt dessen ½ grüne Paprikaschote sowie 4 Tomaten. Beides in mundgerechte Stücke schneiden und mit den Blattsalaten mischen. Dann noch 150 g gewürfelten Feta dazugeben und die im Rezept beschriebene Marinade angießen.

BEILAGEN

FENCHELSALAT MIT ORANGEN

Infoblock

◆ Arbeitszeit: ca. 25 Minuten
◆ 4 Portionen
◆ ca. 330 kcal je Portion

Zutaten

500 g Fenchelknollen
3 Orangen
5 EL Haselnußkerne
3 EL Weißweinessig
etwas Salz
etwas weißer Pfeffer
aus der Mühle
1 Knoblauchzehe
6 EL Olivenöl

1 Die Fenchelknollen putzen, waschen und vierteln. Danach in dünne Streifen hobeln. Die Orangen sorgfältig schälen (dabei auch die weiße Haut vollständig entfernen). Dann die Orangenfilets aus den Zwischenhäuten herausschneiden und halbieren. Die Haselnußkerne grob hacken. Die Salatzutaten locker mischen.

2 Für die Salatsauce den Essig mit den Gewürzen und dem geschälten, durchgepreßten Knoblauch verrühren. Zum Schluß das Öl darunterrühren.

3 Die Sauce über den Salat geben und vorsichtig daruntermischen. Dann den Salat kurz durchziehen lassen.

PRAKTISCHE TIPS

◆ Dieser Fenchelsalat paßt gut zur Fonduta (Seite 18) und zum Winzerfondue (Seite 26).
◆ Die Fenchelknollen lassen sich mit einer Aufschnittmaschine sehr gut in feine Streifen schneiden.

BEILAGEN

RETTICH-TOMATEN-SALAT

Infoblock

- Arbeitszeit: ca. 25 Minuten
- 4 Portionen
- ca. 230 kcal je Portion

Zutaten

500 g Rettich
500 g Tomaten
2 EL Tomatenketchup
4 EL Weißweinessig
Salz, schwarzer Pfeffer
1 Prise Zucker
etwas Tabasco
8 EL kaltgepreßtes Olivenöl
1 Bund glatte Petersilie

1 Den Rettich putzen, schälen und in dünne Scheiben schneiden. Die Tomaten waschen, putzen und ebenfalls in Scheiben schneiden. Beides in einer Schüssel mischen.

2 Das Tomatenketchup mit dem Essig verrühren, mit Salz, Pfeffer, Zucker und Tabasco abschmecken und das Öl darunterrühren.

3 Die Petersilie waschen, trockenschleudern und fein hacken. Die Sauce über die Salatzutaten gießen, daruntermischen und den Salat mit der Petersilie bestreuen.

PRAKTISCHER TIP

Der Salat paßt gut zum Holländischen Käsefondue (Seite 72) und zum Pellkartoffelfondue (Seite 44).

AUBERGINEN-PAPRIKA-SALAT

Infoblock

◆ Arbeitszeit: ca. 45 Minuten
◆ Zeit zum Durchziehen: ca. 60 Minuten
◆ 4 Portionen
◆ ca. 220 kcal je Portion

Zutaten

1 kleine Aubergine (ca. 200 g)
1 mittelgroßer Zucchino
1 rote Paprikaschote
1 gelbe Paprikaschote
1 Knoblauchzehe
8 EL Öl
2 EL Zitronensaft
Salz
schwarzer Pfeffer
2–3 EL trockener Weißwein
1 EL gehacktes Basilikum

1 Aubergine und Zucchino waschen, putzen und in dünne Scheiben schneiden. Die Paprikaschoten putzen, waschen, entkernen und würfeln. Den Knoblauch schälen und fein hacken.

2 Dann 3 Eßlöffel des Öles in einer Pfanne erhitzen und die Auberginenscheiben darin von beiden Seiten goldgelb braten. Herausnehmen und mit 1 Eßlöffel des Zitronensafts beträufeln.

3 Zucchino, Paprikawürfel und Knoblauch portionsweise im restlichen Öl braten. Das Gemüse mit den Auberginen mischen und abkühlen lassen.

4 Das Gemüse mit etwas Salz und Pfeffer, dem restlichen Zitronensaft und dem Weißwein pikant abschmecken. Das Basilikum daruntermischen und den Salat etwa 60 Minuten zugedeckt im Kühlschrank durchziehen lassen. Ihn dann nochmals mischen.

PRAKTISCHER TIP

Dieser Salat paßt gut zum Knusprigen Hackfleischfondue (Seite 28) und zum Winzerfondue (Seite 26).

BEILAGEN

RADIESCHEN-SPROSSEN-SALAT

1 Den Endiviensalat putzen, waschen und in feine Streifen schneiden. Die Radieschen putzen, waschen und in Scheiben schneiden.

2 Die Sprossen in einem Sieb abspülen und gut abtropfen lassen. Die Sonnenblumenkerne in einer Pfanne ohne Fettzugabe goldbraun rösten. Alle Salatzutaten miteinander mischen.

3 Die Kräuter verlesen, waschen und fein hacken. Die abgetropften Kapern ebenfalls fein hacken. Den Estragonessig mit etwas Salz und Pfeffer verrühren, dann das Öl darunterrühren. Zum Schluß die Kräuter und die Kapern dazugeben. Die Vinaigrette über die Salatzutaten geben, dann daruntermischen.

Infoblock

- Arbeitszeit: ca. 25 Minuten
- 4 Portionen
- ca. 280 kcal je Portion

Zutaten

200 g Endiviensalat
1 Bund Radieschen
200 g Mungobohnensprossen aus dem Glas
4 EL Sonnenblumenkerne
50 g gemischte Kräuter, wie Kerbel, Petersilie, Schnittlauch und Estragon
1 EL Kapern
3 EL Estragonessig
Salz, weißer Pfeffer
6 EL Sonnenblumenöl

PRAKTISCHE TIPS

◆ Dieser exquisite Radieschen-Sprossen-Salat paßt sehr gut zu unserem Knusprigen Hackfleischfondue (Seite 28) und zum Fondue bourguignonne (Seite 12).

◆ Die Salatsauce können Sie übrigens auch sehr gut als Dip zum Fondue bourguignonne servieren.

CHINAKOHL-MANDARINEN-SALAT

Infoblock

- Arbeitszeit: ca. 25 Minuten
- 4 Portionen
- ca. 150 kcal je Portion

Zutaten

300 g Chinakohl
200 g Tomaten
6 EL Mandarinenspalten
aus der Dose
3 EL Walnußkerne
1 Zwiebel
1 Knoblauchzehe
1 EL Weißweinessig
2 EL Sojasauce
1 Prise Currypulver
Salz
schwarzer Pfeffer
4 EL Sonnenblumenöl

1 Den Chinakohl putzen, waschen und in Streifen schneiden. Die Tomaten über Kreuz einritzen, kurz überbrühen, abschrecken, enthäuten, entkernen und in Streifen schneiden. Die Mandarinen abtropfen lassen. Die Walnußkerne grob hacken.

2 Für die Sauce die Zwiebel und den Knoblauch schälen. Die Zwiebel fein hacken, den Knoblauch durch eine Knoblauchpresse geben. Beide Zutaten mit Essig, Sojasauce, Gewürzen und Öl gut verrühren. Die Marinade über die Salatzutaten geben und anschließend vorsichtig untermengen.

PRAKTISCHER TIP

Dieser herzhafte Salat paßt gut zum Champagnerfondue (Seite 24), Süß-sauren Fondue (Seite 38) und Kalifornischen Fondue (Seite 76).

BEILAGEN

RAUKE-TOMATEN-SALAT

1 Die Rauke verlesen, waschen und abtropfen lassen. Die Blätter in mundgerechte Stücke zupfen. Die Tomaten putzen, waschen und vierteln. Die Zwiebel schälen und fein würfeln. Die vorbereiteten Zutaten in einer Schüssel mischen.

2 Den Senf mit Zitronensaft, Essig, etwas Salz und Pfeffer, dem Koriander und dem Öl verrühren. Die Marinade über den Salat geben und alles gut mischen.

PRAKTISCHER TIP

Diesen im Geschmack sehr intensiven Salat können Sie sehr gut zum Ungarischen Wurstfondue (Seite 74) und zum Bourdéto aus Korfu (Seite 70) servieren.

REZEPTVARIATION

Sie können die Rauke auch durch Löwenzahn oder, wenn beides nicht erhältlich ist, durch Endiviensalat ersetzen. Rauke, auch Rucola, Roquette oder Senfkohl genannt, wurde schon im Mittelalter als Heil- und Würzkraut geschätzt. Die glatten oder löwenzahnähnlich gezackten Blätter schmecken aromatisch und leicht scharf.

Infoblock

- Arbeitszeit: ca. 25 Minuten
- 4 Portionen
- ca. 40 kcal je Portion

Zutaten

250 g Raukesalat
200 g Cherrytomaten
1 kleine Zwiebel
1 TL körniger Senf (Rôtisseursenf)
2 EL Zitronensaft
1 EL Himbeeressig
Salz
schwarzer Pfeffer
20 zerdrückte Koriandersamen
5 EL kaltgepreßtes Olivenöl

ENGLISCHES SENFGEMÜSE

Infoblock

- Arbeitszeit: ca. 20 Minuten
- Ruhezeit: ca. 12 Stunden
- 4 Portionen
- ca. 280 kcal je Portion

Zutaten

1 mittelgroßer Blumenkohl
400 g Cherrytomaten
200 g frische Perlzwiebeln
250 g Möhren
2 EL Salz
6 EL Sonnenblumenöl
4 EL Senfpulver
2 TL Kurkumapulver
1 TL Ingwerpulver
¾ l Kräuteressig
50 g Zucker

1 Den Blumenkohl putzen, waschen und in kleine Röschen zerteilen. Die Tomaten waschen und gut abtropfen lassen. Die Zwiebeln und die Möhren schälen. Die Möhren in 1 cm dicke Scheiben schneiden. 1 l Wasser zusammen mit dem Salz aufkochen lassen. Das Gemüse damit übergießen und etwa 12 Stunden ruhen lassen.

2 Nach der Ruhezeit das Gemüse abtropfen lassen. Das Öl erhitzen und das Senfpulver darin bei kleiner Hitze anschwitzen. Kurkuma, Ingwer, Essig und Zucker hineinrühren, alles aufkochen und etwa 5 Minuten unter Rühren kochen lassen.

3 Das Gemüse in eine Schüssel geben, mit dem kochenden Senfsud übergießen und dann erkalten lassen.

PRAKTISCHE TIPS

◆ Um Ihr Fondue um eine weitere lukullische Attraktion zu bereichern, können Sie dieses Senfgemüse sehr gut zu unserem Neuenburger Käsefondue (Seite 14) und zum Paprika-Käse-Fondue (Seite 46) reichen.

◆ Sie können das Senfgemüse, in sterile Schraubdeckelgläser abgefüllt und gut verschlossen, etwa 3 Monate an einem kühlen Ort aufbewahren.

BEILAGEN

SÜSS-SAURE KOHLROLLEN

Infoblock

◆ Arbeitszeit: ca. 30 Minuten
◆ Marinierzeit:
   ca. 60 Minuten
◆ 4 Portionen
◆ ca. 160 kcal je Portion

Zutaten

1 kleiner Wirsingkohl
½ l Fleischbrühe
4 EL Öl
1 EL Zucker
2 EL Weißweinessig
1 EL helle Sojasauce
1 Prise Salz
2 Spritzer Tabasco

1 Die Wirsingblätter vom Kopf lösen und waschen. Sie danach in einem Sieb gut abtropfen lassen.

2 Die Fleischbrühe zum Kochen bringen, die Kohlblätter darin einmal aufkochen lassen und bei schwacher Hitze zwischen 10 und 15 Minuten garen. Sie anschließend herausnehmen und abtropfen lassen.

3 Jeweils 3 Kohlblätter aufeinanderlegen und sehr fest aufrollen. Danach die Rollen schräg in 3 cm breite Streifen schneiden und aufgerollt nebeneinander in eine große, flache Schüssel legen.

4 Für die Marinade das Öl erhitzen. Den Zucker unter Rühren darin schmelzen, aber nicht bräunen lassen. Essig, Sojasauce, Salz und Tabasco dazugeben und gut rühren.

5 Die Marinade noch heiß über die Kohlrollen geben und diese darin zugedeckt etwa 60 Minuten marinieren.

PRAKTISCHER TIP

Diese interessanten Kohlrollen ergänzen das Fondue bourguignonne (Seite 12), das Bourdéto aus Korfu (Seite 70) und das Oliven-Käse-Fondue (Seite 54) vortrefflich.

BEILAGEN

MARINIERTE ZUCCHINI

Infoblock

- Arbeitszeit: ca. 40 Minuten
- Marinierzeit: 3–4 Stunden
- 4 Portionen
- ca. 240 kcal je Portion

Zutaten

600 g Zucchini
500 g Austernpilze
2 Chilischoten
2 Lorbeerblätter
⅛ l Olivenöl
3 EL Rotweinessig
grob geschroteter Pfeffer

1 Die Zucchini waschen, putzen und in jeweils 3 Stücke schneiden. Dann jedes Stück der Länge nach in etwa 1 cm dicke Scheiben schneiden. Die Austernpilze vorsichtig mit Küchenkrepp trocken abreiben. Große Pilze zwei- bis dreimal der Länge nach teilen. Kleine Pilze ganz lassen.

2 Dann 2 bis 3 Eßlöffel des Öls zusammen mit den gewaschenen Chilischoten und den Lorbeerblättern in einer Pfanne erhitzen. Zucchini und Pilze darin portionsweise 4 bis 5 Minuten dünsten, dann in eine Schüssel geben.

3 Das restliche Öl sowie den Essig, etwas grob geschroteten Pfeffer und 3 bis 4 Eßlöffel Wasser zum Bratfett geben. Die Marinade umrühren, lauwarm über das Gemüse gießen und dieses 3 bis 4 Stunden zugedeckt im Kühlschrank ziehen lassen.

PRAKTISCHER TIP

Die marinierten Zucchini passen hervorragend zu unserem Holländischen Käsefondue (Seite 72).

ASIATISCHER FONDUEZAUBER

Ein Fondueessen macht besonders viel Spaß, wenn es gekonnt in Szene gesetzt wird. Daher stellen wir Ihnen in diesem Kapitel einen asiatischen Abend vor, in dessen Mittelpunkt natürlich ein Fondue steht.

Auch das Auge ißt mit! So finden Sie auf den folgenden Seiten phantasievolle und leicht nachzumachende Ideen für die Tischdekoration.

Ein ausgeklügelter Organisationsplan sorgt für das richtige „Timing", damit alles fix und fertig auf dem Tisch steht, wenn die Gäste kommen.
So können Sie das Fondueessen dann in Ruhe mit Ihren Freunden genießen.

Und das wird serviert

Gefüllte Reispäckchen

---

*Fondue chinoise mit
Austernsauce, Kiwichutney,
Feuriger Zwiebelsauce, Mangodip und
Pflaumenketchup
Bunter Blattsalat
Klebreis*

Obstsalat in der Melone

HIGHLIGHT

Fonduevergnügen mit fernöstlichem Flair

Gäste gekonnt verwöhnen

Das gastliche Mahl ist einer der besten Einfälle, die wir Menschen je hatten. Denn was gibt es Schöneres, als an langen Abenden mit guten Freunden zusammenzusitzen, zu reden, zu lachen, zu essen und zu trinken. Doch nichts ist schwieriger, als seine besten Freunde mit wenig Aufwand originell zu bewirten. Wir zeigen Ihnen, wie es geht: Nehmen Sie das Fondue chinoise (Seite 22), ergänzen Sie es mit einer chinesischen Vorspeise und mit einem asiatischen Dessert (Seite 126), dekorieren Sie alles mit einem Hauch von Fernost – und fertig ist der „Asiatische Fonduezauber", ein geselliges Essen für 4 Personen, das allen schmeckt, wenig Arbeit macht und auch den nötigen Überraschungseffekt auslöst.

Die Tischdekoration

Durch die Fülle an Zutaten ist die Fonduetafel an sich schon ausgesprochen bunt. Deshalb empfiehlt es sich, bei der Tischdekoration etwas Zurückhaltung zu üben, denn weniger ist oft bekanntlich mehr.

Sehr edel sieht die asiatische Tafel aus, wenn Sie als Unterlage eine Tischdecke aus schwarzer Lackfolie oder aus schwarzem Chinapapier (Strohseide) wählen. Dazu passen rote Platzdeckchen aus Plastik oder aus Chinapapier geschnitten und weißes Geschirr (Fondueteller, Schälchen und Anrichteplatten) am besten. Für einen farblichen Kontrast sorgen rote Servietten. Falten Sie diese z.B. als Fächer. Dafür die Serviette einmal zusammenfalten, so daß ein Rechteck entsteht. Dabei müssen die Kanten exakt aufeinanderliegen. Nun die Serviette noch einmal der Länge nach zu einem Streifen zusammenschlagen und von einer schmalen Seite her wie eine Ziehharmonika zusammenfalten. Das eine Ende der Ziehharmonika mit einem schönen Serviettenring fixieren. Wer möchte, kann das untere Fächerende auch mit einer Schleife aus schwarzem Bastband zusammenbinden.

Wenn der Tisch recht groß ist, können Sie ihn noch mit weiteren Accessoires schmücken. Ausgesprochen dekorativ sind z.B. kleine asiatische Fächer in verschiedenen Größen, die zwischen die Teller gelegt werden. Wer es noch bunter mag, ergänzt die Dekoration durch kleine asiatische Schirmchen, Papierbällchen und -rosetten (diese Dinge erhalten Sie in Teegeschäften oder in Asienläden).

Das Tischdecken

Im Mittelpunkt der asiatischen Fonduetafel steht der Feuertopf. Um ihn herum werden die Platten mit den Fonduezutaten, die Schälchen mit den verschiedenen Saucen sowie die Salat- und die Reisschüssel gruppiert. Damit jeder Gast alle Zutaten problemlos erreichen kann, sollte das Fondue an einem runden Tisch stattfinden. Zur Not tut es aber auch ein rechteckiger, wobei die Gastgeber dann an den Tischenden Platz nehmen sollten, um den Gästen so den kürzeren Weg zum Feuertopf zu überlassen. Auf jeden Platz legt man eine Platzdecke und einen Platzteller. Auf letzterem steht dann beim Servieren zunächst der Vorspeisen-, dann der Fondue- und zum Schluß der Dessertteller.

HIGHLIGHT

Neben dem Platzteller liegen jeweils ein Besteck für die Vorspeise und für das Fondue (in beiden Fällen Messer und Gabel) sowie ein oder zwei Fonduegabeln oder ein Fonduesieb. Außerdem ein Suppenlöffel für die Brühe (die zum Schluß als Suppe gegessen wird) und ein kleiner Löffel für das Dessert. Wer es ganz stilecht mag, legt jeweils noch ein Stäbchenpaar neben das Besteck und ersetzt den Suppenlöffel durch einen chinesischen Porzellanlöffel. Fehlen dürfen natürlich auch nicht die Gläser für die Getränke. Die Serviettenfächer legt man dekorativ auf die weißen Platzteller. Und zuletzt werden die vorbereiteten Fonduezutaten sowie das Rechaud auf den Tisch gestellt.

Die Reisbeilage

Was paßt zu einem asiatischen Menü besser als Reis? Hier ein Rezept für Klebreis, der die Sauce gut aufnimmt und durch seine Konsistenz auch nicht gleich von den Stäbchen purzelt: 500 g Basmati-, Duft- oder Jasminreis zusammen mit ½ l Wasser und 1 Prise Salz aufkochen lassen. Ihn dann zugedeckt bei milder Hitze 15 bis 20 Minuten quellen lassen und dabei mehrmals mit einer Gabel lockern. Sollte zuviel Wasser verdampft sein, nach und nach wieder etwas dazugießen.

Die Getränketips

◆ Servieren Sie als Aperitif einen japanischen Pflaumenwein.

◆ Zur Vorspeise und zum Fondue paßt ein trockener Weißwein immer gut. Probieren Sie einmal einen italienischen Soave oder einen Chianti Classico. Für die Autofahrer sollten Sie zusätzlich noch Tee (z. B. Jasmin- oder grünen Tee) und Mineralwasser bereitstellen.

◆ Zum Dessert paßt ein Gläschen trockener Sekt oder eine Tasse Kaffee.

◆ Zur Verdauungsförderung können Sie danach noch einen Reiswein (Sake) reichen.

Organisationsplan

◆ **1 WOCHE VORHER**
Accessoires für die Tischdekoration besorgen. Getränke einkaufen.

◆ **2 TAGE VORHER**
Alle Lebensmittel einkaufen. Kiwichutney (Seite 99) und Pflaumenketchup (Seite 106) zubereiten.

◆ **1 TAG VORHER**
Für das Fondue (Seite 22) Fleisch und Geflügel anfrosten und in Scheiben schneiden. Zwiebelsauce (Seite 93) zubereiten.

◆ **4 STUNDEN VOR DEM ESSEN**
Dessert (Seite 126) zubereiten.

◆ **3 STUNDEN VOR DEM ESSEN**
Für das Fondue das Gemüse vorbereiten und anrichten. Den Mangodip (Seite 97) zubereiten. Für den Salat (Seite 110) die Zutaten vor-, die Sauce zubereiten.

◆ **1½ STUNDEN VOR DEM ESSEN**
Für die Vorspeise (Seite 126) die Reispäckchen herstellen. Für das Fondue die Eigelbe mit der Sojasauce verquirlen. Tisch eindecken.

◆ **30 MINUTEN VOR DEM ESSEN**
Reispäckchen garen und warm halten. Brühe für das Fondue mit einem Teil des Gemüses köcheln lassen. Reis für die Beilage kochen und warm halten. Salat mischen.

GEFÜLLTE REISPÄCKCHEN

Infoblock
- Arbeitszeit: ca. 30 Minuten
- Garzeit: ca. 35 Minuten
- 4 Portionen
- ca. 320 kcal je Portion

Zutaten
- 4 mittelgroße Reispapierblätter
- 100 g Hähnchenbrustfilet
- 100 g Schweinefilet
- 1 kleine Lauchstange
- 3 EL Öl
- 2 EL Zucker
- 3 EL Hoisinsauce
- ¼ l Geflügelbrühe
- 250 g gegarter Klebreis (125 g Rohgewicht)
- 150 g geschälte Grönlandkrabben
- 2 EL Sojasauce, etwas Salz
- zum Dippen: Austern-, Hoisin- oder süß-saure Sauce

1 Die Reispapierblätter mit kaltem Wasser befeuchten oder kurz in Wasser legen, bis sie formbar sind (siehe Packungsanweisung). Inzwischen das Fleisch kurz abspülen, trockentupfen und in sehr kleine Würfel schneiden. Den Lauch putzen, waschen und in feine Ringe schneiden.

2 Das Öl in einer Pfanne erhitzen. Fleischwürfel und Lauchringe darin anbraten. Beides mit dem Zucker bestreuen, die Hoisinsauce und die Geflügelbrühe dazugießen und alles etwa 10 Minuten köcheln lassen.

3 Den Reis und die Krabben unter die Fleisch-Gemüse-Mischung rühren. Alles weitere 10 Minuten schmoren lassen. Danach mit Sojasauce und wenig Salz abschmecken.

4 Jeweils ein Viertel der Reismischung auf 1 Reisblatt geben. Die Blätter seitlich nach innen einschlagen, zu Päckchen zusammenfalten und mit Küchengarn verschnüren.

5 Die Päckchen in einen Dämpfeinsatz legen und etwa 15 Minuten zugedeckt im heißen Wasserdampf garen. Dann das Küchengarn entfernen und die Päckchen zusammen mit der Würzsauce zum Dippen anrichten.

REZEPTVARIATIONEN

Typisch asiatisch ist die Zubereitung mit Lotusblättern (gibt es in Asienläden). Diese zunächst etwa 12 Stunden in Wasser quellen lassen, damit sie weich werden. Dann die Füllung daraufgeben (die Blätter dafür evtl. halbieren), Päckchen formen und diese wie im Rezept beschrieben garen. Achtung: Die Lotusblätter sind nicht für den Verzehr geeignet. Man öffnet die gegarten Päckchen und ißt nur die Füllung heraus.

OBSTSALAT IN DER MELONE

Infoblock
- Arbeitszeit: ca. 60 Minuten
- Zeit zum Durchziehen: mind. 30 Minuten
- 4 Portionen
- ca. 280 kcal je Portion

Zutaten
- 1 kleine Wassermelone
- 1 Babyananas
- ½ kleine Papaya
- ½ kleine Mango
- 2 Babybananen
- 6 EL Reiswein
- 50 g weißer Kandiszucker
- 2 EL Orangenlikör, z. B. Grand Marnier
- 2 EL Zitronensaft
- 1 EL gehackte Walnußkerne

1 Von der Melone oben einen Deckel abschneiden. Den Schalenrand zickzackförmig einschneiden. Mit einem Löffel alle Kerne aus der Melone herausschaben. Das Fruchtfleisch mit einem Kugelausstecher aus der Melone herauslösen.

2 Die Ananas schälen, Schopf und Boden abschneiden. Das Fruchtfleisch längs in schmale Spalten zerteilen, den harten Mittelstrunk jeweils abschneiden, das Fruchtfleisch würfeln. Die Papayahälfte schälen. Die schwarzen Kerne herauskratzen, das Fruchtfleisch in schmale Scheiben schneiden. Die Mangohälfte schälen, das Fruchtfleisch vom Stein abschneiden und würfeln. Die Bananen schälen und in Scheiben schneiden. Das kleingeschnittene Obst mit den Melonenkugeln mischen.

3 Den Reiswein erhitzen und den Kandis darin unter Rühren auflösen. Orangenlikör und Zitronensaft darunterrühren und den Sirup abkühlen lassen.

4 Das Obst in die ausgehöhlte Melone füllen. Den Reisweinsirup darübergießen und alles mindestens 30 Minuten zugedeckt im Kühlschrank durchziehen lassen. Den Salat vor dem Servieren mit den gehackten Nüssen bestreuen.

HIGHLIGHT

Teil 2

Raclette und heißer Stein

RACLETTE ODER HEISSER STEIN ODER BEIDES IN KOMBINATION?

Ein kulinarisches Gesellschaftsspiel

„Brot und Spiele" lautet die Devise, welche schon die alten Römer gekonnt in die Tat umsetzten. Gast sein und sich unterhalten lassen. Gast sein und bei der Essenszubereitung mitmischen, das bereitet ein großes Vergnügen.

Diese Art von Erlebnisgastronomie läßt sich zu Hause im Kreise der Familie oder gemeinsam mit Freunden hervorragend in die Praxis umsetzen. Ein Raclettegerät, ein heißer Stein oder ein Kombigerät macht es möglich. Jeder Gast wird sein eigener Koch, die Zutaten können individuell gewählt werden. Alle Gäste entwickeln sich zu kulinarischen Mitspielern.

Die Gastgeber sind für ihre Gäste präsent, ohne ständig in der Küche verschwinden zu müssen. Ein idealer und entspannter Zustand für alle Beteiligten.

Ohne eine gut organisierte Vorbereitung funktioniert das kulinarische Gesellschaftsspiel natürlich nicht. Die oberste Spielregel lautet: Die Arbeit in der Küche ist beim Eintreffen der Gäste bereits abgeschlossen.

Das Raclettegerät

Das wohl beliebteste Tischgerät unserer Zeit vereinfacht die ursprüngliche Raclettezeremonie, bei der ein halber Käseleib Schicht für Schicht geschmolzen wird. Kleine Pfännchen werden nach Lust und Laune mit Käse und weiteren Zutaten bestückt, unter die Grillvorrichtung des Raclettegerätes geschoben und gegart bzw. überbacken. Das Schöne dabei ist, daß die Kombinationsmöglichkeiten verschiedener Zutaten enorm sind. Gemüse, Pilze, Fisch, Früchte, Geflügel, Fleisch, Würzzutaten und natürlich Käse – alles ist möglich. Daß der Käse dabei nicht immer die Hauptrolle spielen muß, zeigen Ihnen eine ganze Reihe von Gerichten in diesem Buch.

Der richtige Käse

Durch die vereinfachte Handhabung moderner Party-Raclettegeräte ist die Auswahl verwendbarer Käsesorten erheblich größer geworden. Es werden Möglichkeiten eröffnet, die wir hier im einzelnen gar nicht alle aufzählen können. Als Faustregel für einen „raclettetauglichen" Käse gilt: Nur Käsesorten mit höherem Fettgehalt (ab 30% Fett i.Tr.) verwenden, denn magere Käse schmelzen schlecht. Aus geschmacklichen Gründen sind reifere Käsesorten zu wählen. Wer jedoch milden Käse bevorzugt, sollte jüngere Sorten verwenden. Clevere Raclettköche mischen reifere und jüngere Käsesorten.

Beim Käse wird der Fettgehalt als Fett in der Trockenmasse (Fett i.Tr.) angegeben. Die Fettgehaltsstufen beim Käse beginnen bei der Magerstufe (unter 10% Fett i.Tr.) und enden bei der Doppelrahmstufe (maximal 85% Fett i.Tr.). Zum Schmelzen bestimmter Käse sollte über 30% Fett i.Tr. enthalten.

EINLEITUNG

Der heiße Stein

Seit einiger Zeit wird eine uralte Garmethode als ganz moderne Zubereitungstechnik angepriesen – das Braten auf dem heißen Stein.

Der ursprüngliche heiße Stein ist eine flache Natursteinplatte. Sie wird im Backofen bei etwa 220°C oder auf der Herdplatte bei höchster Hitzezufuhr auf 200 bis 220°C erhitzt. Dieser Vorgang dauert 20 bis 30 Minuten. Dann wird die Steinplatte in eine Halterung über zwei Sicherheitsbrenner oder Rechauds gesetzt. Das Ganze bleibt etwa 30 Minuten lang heiß. Es ist jedoch ein fortschreitender Wärmeverlust festzustellen.

Modernere Geräte werden elektrisch betrieben. Ein separates Erhitzen der Steinplatte ist nicht mehr erforderlich. Der große Vorteil ist, daß die Hitze die ganze Zeit über gleich stark bleibt. Die Gebrauchsanweisungen der Hersteller sind unbedingt zu befolgen. Der Stein muß z. B., um eventuelle Spannungen auszugleichen, vor dem erstmaligen Gebrauch im Backofen erhitzt werden.

Die Reinigung der Steine kann ab und an etwas problematisch sein. Das ist vor allem dann der Fall, wenn der abgekühlte Stein nicht sofort gesäubert wird und der Bratsatz antrocknet. Am besten geht es also, wenn Sie das Ganze umgehend abwaschen. Mit einem Holzspachtel lassen sich die meisten Bratreste gut abkratzen.

Das Kombigerät

Mittlerweile sind Tischgeräte auf dem Markt, die in Kombination einen heißen Stein zum Braten und eine Grillvorrichtung mit Pfännchen, vergleichbar mit einem Raclettegerät, zum Garen und Überbacken anbieten. Die Verknüpfung dieser beiden Geräte erweitert die Palette der kulinarischen Möglichkeiten natürlich enorm. Ganze Menüs lassen sich mit ihrer Hilfe am Tisch zaubern. Zum Umgang mit dem Stein lesen Sie bitte unter „Der heiße Stein" nach.

Phantastievoll kombinieren

Die Zutatenmengen in den Rezepten sind für 4 Personen gedacht. Die Portionen sind allerdings nicht zu üppig bemessen, da wir davon ausgehen, daß Sie immer zwei bis drei (oder mehr) Gerichte in Kombination anbieten werden. Sollten Sie eine ganze Reihe von Leckerbissen probieren wollen, reduzieren oder halbieren Sie die Zutatenmengen der ausgewählten Rezepte einfach. Besteht Ihre Schlemmerrunde aus mehr als 4 Personen, dann suchen Sie mehrere Gerichte aus oder vervielfachen die Mengenangaben von zwei bis drei ausgewählten Rezepten.

Stellen Sie Ihr Essen doch mal unter ein Motto. Wie wäre es mit einem Fischabend, einem fleischlosen Abend oder einem italienischen Fest? Dieses Buch bietet Ihnen unzählige Möglichkeiten. Ein Beispiel ist die karibische Party (Seite 244 bis 249).

Planung und Einkauf

Damit im Vorfeld keine Hektik aufkommt, sollten Sie sich eine Checkliste anlegen, auf welcher Sie dann alle erledigten Arbeiten abhaken. Im folgenden finden Sie einige wichtige Punkte:

◆ Welches Partygerät soll zum Einsatz kommen?
◆ Wieviele Gäste nehmen an dem Essen teil?
◆ Sind unter den Gästen Vegetarier? Müssen sonstige Essenswünsche berücksichtigt werden?
◆ Unter welchem Motto soll das kulinarische Ereignis stehen?
◆ Welche Hauptgerichte und Beilagen soll es geben? Welche Mengen müssen eingeplant werden?
◆ Soll hinterher ein Dessert gereicht werden?
◆ Wie soll die Getränkeauswahl aussehen?
◆ Wie soll die Tischdekoration aussehen?
◆ Woher bekomme ich die notwendigen Materialien?
◆ Wann kaufe ich was ein?

Was den Einkauf betrifft, so sollten Sie zeitig überlegen, ob nicht einige Zutaten vorbestellt werden müssen. Kaufen Sie haltbare Dinge bereits einige Tage vor dem Essen ein. Leicht verderbliche Waren können Sie dann kurzfristig besorgen. So hält sich der Einkaufsstreß in Grenzen.

Die Getränkeauswahl

Damit die raffinierten und abwechslungsreichen Rezeptideen von passenden Getränken begleitet und unterstrichen werden, haben wir mit großer Sorgfalt Getränketips verteilt. Zu fast allen Gerichten finden Sie eine individuelle Getränkeempfehlung. Sie sollten in jedem Fall mehrere Getränke zur Auswahl anbieten. Mineralwasser und Fruchtsäfte sind immer eine gute Alternative. Vor allem sollten Sie die Wünsche von Kindern berücksichtigen. Und Autofahrer brauchen etwas ohne Alkohol.

Die unmittelbare Vorbereitung

Nachdem Sie Ihr Essen geplant haben, die Rezeptauswahl steht und der Einkauf erledigt ist, erfolgt nun die Vorbereitung der einzelnen Gerichte und Getränke. Dazu sollten Sie die ausgewählten Rezepte zunächst sorgfältig lesen, um Ihren persönlichen Zeitplan für die Küchentätigkeit aufzustellen. Berücksichtigen Sie die Marinierzeiten, Zeiten zum Kühlen, zum Durchziehen und für das Vorkochen von Gemüsen, Nudeln, Reis etc. Und rechnen Sie auch die notwendigen Verschnaufpausen ein. Alles will wohl bedacht sein, um unnötiges Hantieren während der Schlemmerrunde auszuschließen. Kurz vor dem Eintreffen der Gäste alles nochmals überprüfen, damit nichts vergessen wurde. Dann lehnen Sie sich entspannt zurück und warten, daß es an der Haustür läutet.

EINLEITUNG

Hinweise zu den Rezepten

Die Gerätezuordnung
Die erste Angabe im Infoblock gibt Auskunft darüber, ob das Gericht für das Raclettegerät, den heißen Stein oder das Kombigerät gedacht ist.

Die Arbeitszeiten
Sie geben einen Anhaltspunkt, wie lange Sie in etwa für das Vorbereiten der Gerichte brauchen.

Die Garzeiten
Sie setzen sich zusammen aus der durchschnittlichen Garzeit, die Sie bei Tisch benötigen und den Zeiten, die für das Vorgaren mancher Zutaten (z. B. Gemüse, Nudeln, Reis) nötig sind.

Die Sonderzeiten
Zeiten zum Marinieren, Kühlen, Durchziehen etc. werden unter dieser Rubrik extra ausgewiesen.

Die Portionsangaben
Alle Rezepte sind für 4 Personen gedacht.

Die Kalorienangaben
Sie beziehen sich immer auf 1 Portion des Gerichts.

Die Zutatenmengen
Sie beziehen sich auf ungeputzte Rohware. Bei Stückangaben (z. B. 1 Zucchino) wird von 1 Stück mittlerer Größe ausgegangen.

Die Beilagentips
Hier finden Sie Vorschläge für Stärkebeilagen, Salate, Sauce etc. Oftmals gibt es Querverweise zu anderen Gerichten im Buch. Zu allen Gerichten bietet sich in jedem Fall reichlich frisches Brot Ihrer Wahl an.

Die Rezeptvariationen
Hier bekommen Sie Anregungen, wie Sie ein jeweiliges Gericht auch mal auf andere Art zubereiten können.

Die praktischen Tips
Hier finden Sie Informationen zur Küchenpraxis, zur Warenkunde, zu Einkauf etc. Im Beilagenkapitel wird unter dieser Rubrik auch angegeben, zu welchem Gericht aus dem Buch ein Salat, eine Sauce etc. paßt.

Die Getränketips
Hier werden Hinweise gegeben, welche Getränke besonders gut mit den jeweiligen Rezepten harmonieren.

Abkürzungen

TL	=	Teelöffel (gestrichen)
EL	=	Eßlöffel (gestrichen)
Msp.	=	Messerspitze
g	=	Gramm
kg	=	Kilogramm
cl	=	Zentiliter
ml	=	Milliliter
l	=	Liter
kcal	=	Kilokalorien
ca.	=	circa
°C	=	Grad Celsius
TK-...	=	Tiefkühl-...

SCHWEINELENDCHEN MIT ARTISCHOCKENPFANNE

Infoblock

- Für das Kombigerät
- Arbeitszeit: ca. 15 Minuten
- Zeit zum Marinieren: mind. 60 Minuten
- Garzeit: ca. 10 Minuten
- 4 Portionen
- ca. 600 kcal je Portion

Zutaten

Für die Lendchen

8 Schweinelendenscheiben (à ca. 100 g)
1 EL Korianderkörner
frisch gemahlener weißer Pfeffer
5 EL Weinbrand
5 EL Olivenöl

Für die Pfännchen

12 Artischockenherzen aus der Dose
200 g Bel Paese (halbfester Schnittkäse aus Italien)
etwas Salz

Außerdem

1 EL Olivenöl für den Stein

---

1 Die Lendenscheiben kalt abspülen, dann mit Küchenpapier trockentupfen, mit der Hand flach drücken oder mit einem Eßlöffelrücken flach streichen und in eine Schüssel legen. Den Koriander in einem Mörser fein zerreiben.

2 Die Fleischscheiben mit Koriander und Pfeffer einreiben und mit Weinbrand und 5 Eßlöffeln Olivenöl beträufeln. Die Schüssel mit Klarsichtfolie abdecken und für mindestens 60 Minuten in den Kühlschrank stellen.

3 Die Artischockenherzen in ein Sieb geben, gut abtropfen lassen und halbieren. Die Hälften in ein Schüsselchen geben und bereitstellen. Dann die Rinde vom Bel Paese abschneiden, den Käse in kleine Würfel schneiden und bereitstellen.

4 Den heißen Stein erhitzen und mit Olivenöl einpinseln. Die Lendenscheiben auf beiden Seiten salzen und auf den heißen Stein legen. Die Pfännchen mit Artischocken und Käse füllen, unter die Grillvorrichtung schieben und das Ganze gratinieren lassen. Inzwischen das Fleisch in etwa 10 Minuten von beiden Seiten braten.

BEILAGENTIPS

◆ Reichen Sie zum zarten Schweinefleisch diverse Fertigsaucen, wie z. B. eine Chilisauce, Knoblauchsauce, Currysauce oder eine einfache Grillsauce. Wir empfehlen außerdem die Cocktailsauce mit Erdnüssen (Seite 233).

◆ Als Stärkebeilage empfehlen wir gebratene Kartoffelwürfel. Dazu 1 kg Kartoffeln in der Schale bißfest garen, abgießen, abschrecken, pellen und in gleichgroße Stücke schneiden. Die Kartoffelstücke mit Salz, Pfeffer, edelsüßem Paprikapulver und Chilipulver würzen, dann mit etwa 6 Eßlöffeln Olivenöl beträufeln und bereitstellen. Die würzigen Kartoffelstücke einfach auf dem heißen Stein oder im Raclettepfännchen kurz braten. Sie können aber auch ein Champignonrisotto (Seite 220) wählen.

◆ Als Salatbeilage paßt ein gemischter Blattsalat oder ein Tomatensalat.

KÖSTLICHES MIT FLEISCH & CO.

PRAKTISCHE TIPS

◆ Bei den Artischockenherzen sollten Sie darauf achten, ob diese in Öl oder in Wasser eingelegt sind. Bei den in Öl eingelegten ist kein zusätzliches Olivenöl beim Kochen mehr notwendig.

◆ Bel Paese ist ein berühmter italienischer Schnittkäse von halbfester Konsistenz. Sein typischer Geschmack ist leicht säuerlich und zart. Der Name Bel Paese ist für den ursprünglichen Hersteller geschützt. Für Käse ähnlichen Typs gibt es die Bezeichnung Italico.

REZEPTVARIATIONEN

Anstelle der Artischockenpfännchen können Sie die Schweinelende auch mit Käsezucchini (Seite 230) oder mit Tomaten mit Mozzarella (Seite 229) kombinieren.

GETRÄNKETIP

Versuchen Sie zur Schweinelende mal einen Frascati. Dieser bekannte Weißwein von den Hügeln Roms soll weich und fruchtig sein.

SCHWEINEKOTELETTS MIT KÄSENUDELN

Infoblock

- **Für das Kombigerät**
- **Arbeitszeit: ca. 30 Minuten**
- **Garzeit: ca. 25 Minuten**
- **4 Portionen**
- **ca. 1040 kcal je Portion**

Zutaten

Für die Nudeln

**300 g bunte Penne
(kurze Hohlnudeln)
ca. ½ TL Salz
ca. 2 EL Olivenöl
3 EL Butter
1 EL Weizenmehl Type 405
¼ l Milch
200 g geriebener Greyerzer,
ersatzweise Emmentaler oder
Edamer
frisch gemahlener schwarzer
Pfeffer
2 frische Eigelb**

Für die Koteletts

**4 dünne Schweinekoteletts
(à ca. 150 g)
etwas Salz
frisch gemahlener schwarzer
Pfeffer
1 EL Korianderkörner
2 EL Olivenöl**

1 Reichlich Salzwasser mit etwa 2 Eßlöffeln Olivenöl in einem großen Topf zum Kochen bringen. Die Penne hineingeben und laut den Angaben auf der Packungsanleitung knapp bißfest garen.

2 Die Nudeln anschließend in einen Durchschlag abgießen, mit reichlich kaltem Wasser abbrausen und sehr gut abtropfen lassen.

3 Die Butter in einem kleinen Topf erhitzen, das Mehl unter ständigem Rühren mit einem Schneebesen hineinsieben und alles kurz anschwitzen. Die Milch dazugießen und die helle Sauce unter kräftigem Rühren etwa 5 Minuten durchkochen.

4 Den Topf vom Herd ziehen und den Käse in die Sauce einrühren. Das Ganze wenig salzen und nach Belieben pfeffern. Die Eigelbe verquirlen und vorsichtig unter die Käsesauce ziehen.

5 Die Nudeln mit der Käsesauce gründlich vermengen, alles in zwei Servierschüsseln verteilen und bereitstellen.

6 Die Schweinekoteletts kalt abspülen, dann mit Küchenpapier trockenreiben, mit einem Eßlöffelrücken flach streichen und auf jeder Seite salzen und pfeffern. Den Koriander in einem Mörser fein zerstoßen und in das Fleisch einmassieren.

7 Den heißen Stein mit dem Olivenöl einpinseln, mit etwas Salz bestreuen und die Koteletts darauf legen. Das Fleisch je nach Qualität und nach Belieben von jeder Seite etwa 5 Minuten braten.

8 Etwa 5 Minuten bevor die Koteletts gar sind, etwas von der Käse-Nudel-Mischung in die Raclettepfännchen füllen und diese unter den Raclettegrill schieben. Sobald die Nudeln goldgelb überbacken sind, das Ganze herausnehmen.

BEILAGENTIP

Reichen Sie zu den Schweinekoteletts mit Käsenudeln einen einfachen Tomatensalat mit Essig-Öl-Marinade und mit frischen Basilikumblättchen. Verwenden Sie vorzugsweise ein kaltgepreßtes Olivenöl und Balsamessig.

KÖSTLICHES MIT FLEISCH & CO.

PRAKTISCHER TIP

Sollten Sie keinen heißen Stein mit Raclettevorrichtung (Kombigerät) oder kein separates Raclettegerät besitzen, können Sie die Nudeln auch im Backofen überbacken. Dazu 4 bis 6 Souffléförmchen mit etwas flüssiger Butter oder etwas Olivenöl ausstreichen, die Nudel-Käse-Masse hineinfüllen und alles bereitstellen. Den Ofen auf etwa 200°C vorheizen. Sobald Sie mit dem Braten auf dem Stein beginnen, die Käsenudeln in etwa 12 Minuten goldgelb überbacken.

GETRÄNKETIP

Servieren Sie zu den würzigen Koteletts einen leichten Rotwein.

KALBSSCHNITZEL MIT AUSTERNPILZEN

Infoblock

- Für das Kombigerät
- Arbeitszeit: ca. 30 Minuten
- Garzeit: ca. 15 Minuten
- 4 Portionen
- ca. 420 kcal je Portion

Zutaten

Für die Pilze

½ Bund Petersilie
4 Knoblauchzehen
1 mittelgroße Zwiebel
300 g Austernpilze
3 EL Butter
2 EL Weißwein
etwas Salz
gemahlener schwarzer Pfeffer
100 g süße Sahne
100 g fein geschnittener Mozzarella, ersatzweise geriebener Parmesan oder Emmentaler

Für die Schnitzel

4 Kalbsschnitzel
(à ca. 150 g)
etwas Salz
gemahlener schwarzer Pfeffer
Saft von 1 Zitrone

Außerdem

2 EL Pflanzenöl für den Stein
1 unbehandelte Zitrone, in Viertel geschnitten

---

1 Die Petersilie von den festen Stengeln zupfen, waschen, dann trockentupfen und fein wiegen. Die Knoblauchzehen sowie die Zwiebel schälen und beides kleinwürfeln.

2 Die Austerpilze unter fließendem kalten Wasser säubern, dann mit Küchenpapier gut trockentupfen und je nach Größe in Viertel oder Hälften schneiden.

3 Die Kalbsschnitzel kurz kalt abspülen, dann mit Küchenpapier trockentupfen und mit einem Eßlöffelrücken flach streichen. Das Fleisch auf beiden Seiten salzen, pfeffern und mit Zitronensaft einreiben.

4 In einer Pfanne die Butter erhitzen. Knoblauch- und Zwiebelwürfel hineingeben und glasig schwitzen. Die Pilze hinzufügen und so lange dünsten, bis der austretende Pilzsaft einreduziert ist. Das Ganze mit dem Weißwein beträufeln und die Petersilie hineinrühren.

5 Die Austernpilze salzen und pfeffern. Die Sahne angießen und etwas einköcheln lassen. Die Pfanne vom Herd nehmen und den Mozzarella unter die Pilz-Sahne-Masse mengen. Die Austernpilzmischung in Servierschüsseln verteilen und alles bereitstellen.

6 Den Stein erhitzen, mit Pflanzenöl bepinseln und die Kalbsschnitzel darauf legen. Die Schnitzel von jeder Seite etwa 4 Minuten braten.

7 Etwa 4 Minuten vor Ende der Bratzeit die Austernpilzmischung in die Raclettepfännchen verteilen, unter die Grillvorrichtung schieben und überbacken. Die gebratenen Kalbsschnitzel mit den Zitronenvierteln belegen und zusammen mit den Pilzen servieren.

BEILAGENTIPS

◆ Servieren Sie zum zarten Kalbfleisch mit Pilzen einen bunten Blattsalat mit einer einfachen Essig-Öl-Marinade. Versuchen Sie für die Salatsauce mal einen milden Balsamessig.

◆ Reichen Sie zu den Kalbsschnitzeln reichlich knuspriges Stangenweißbrot oder selbst gebackene Partybrötchen (Seite 226).

GETRÄNKETIP

Trinken Sie zum feinen Kalbfleisch einen gut gekühlten Prosecco.

KÖSTLICHES MIT FLEISCH & CO.

REZEPTVARIATIONEN

◆ Wenn Sie sich das Vorbereiten der Pilzmischung sparen wollen, können Sie wie folgt verfahren: Die Austernpilze wie angegeben putzen, fein blättrig schneiden, in die Raclettepfännchen verteilen, mit etwas Knoblauchöl beträufeln und unter der Raclettevorrichtung grillen.

◆ Natürlich können die Pilze auch auf dem Stein gebraten werden. Dazu die Austernpilze wie angegeben putzen und in etwa 1½ cm dicke Streifen schneiden. Einige Knoblauchzehen schälen und halbieren. Den heißen Stein mit Knoblauchöl einpinseln. Die Pilze zusammen mit dem Knoblauch darauf legen und das Ganze von allen Seiten goldbraun braten.

VIERTELPFÜNDER MIT SAUCE BÉARNAISE

Infoblock

- Für den heißen Stein
- Arbeitszeit: ca. 20 Minuten
- Garzeit: ca. 15 Minuten
- 4 Portionen
- ca. 570 kcal je Portion

Zutaten

Für die Sauce

einige Zweige Estragon
½ Bund Kerbel
2 Schalotten
10 weiße Pfefferkörner
4 EL Estragonessig
100 g Butter
4 frische Eigelb
etwas Salz
1 Prise Cayennepfeffer
1 EL Fleischextrakt, ersatzweise Worcestershiresauce

Für die Filets

4 große, dicke Scheiben Rinderfilet (à 180–250 g)
frisch gemahlener schwarzer Pfeffer

Außerdem

2 EL Pflanzenöl für den Stein

---

1 Estragon und Kerbel waschen und gut trockenschütteln. Die Kräuterblätter von den Stengeln zupfen und fein wiegen. Die Schalotten schälen und kleinwürfeln.

2 Die Pfefferkörner in einem Mörser fein zerstoßen. Die Schalottenwürfel, den Estragonessig und etwa 6 Eßlöffel Wasser sowie den Pfeffer in einen Topf geben. Das Ganze verrühren und einige Male aufkochen. Die Flüssigkeit soll dabei etwa auf die Hälfte einreduzieren.

3 Die reduzierte Würzflüssigkeit durch ein Metallsieb passieren. In einem mittelgroßen Topf reichlich Wasser zum Kochen bringen. Die Butter in einem Topf schmelzen lassen, klären und etwas abkühlen lassen.

4 Während die Butter abkühlt, die Eigelbe und die Würzflüssigkeit in eine Metallschüssel geben und alles verquirlen.

5 Die Schüssel auf den Topf mit siedendem Wasser setzen und die Eigelbmasse so lange mit einem Schneebesen aufschlagen, bis eine helle und merklich dickere Saucenkonsistenz entsteht.

6 Die Schüssel vom Wasserbad nehmen und die noch flüssige Butter nach und nach vorsichtig darunterschlagen. Die Sauce Béarnaise mit den Kräutern, dem Salz, dem Cayennepfeffer und dem Fleischextrakt abschmecken und warm stellen.

7 Die Filetscheiben kalt abspülen, mit Küchenpapier trockentupfen, dann salzen und pfeffern. Nun den heißen Stein erhitzen und mit Pflanzenöl einpinseln. Die Fleischscheiben darauf legen und nach Belieben von jeder Seite etwa 3 Minuten braten.

BEILAGENTIP

Servieren Sie zum Viertelpfünder mit Sauce einen Feldsalat mit einer einfachen Essig-Öl-Marinade sowie ein frisches Baguettebrot.

GETRÄNKETIPS

Zum zarten Rinderfilet paßt ein trockener Weißwein oder ein halbtrockener Roséwein.

KÖSTLICHES MIT FLEISCH & CO.

PRAKTISCHE TIPS

◆ Butter klären: So wird's gemacht. Die Butter in einem Topf so lange erwärmen, bis das Molkeeiweiß sich abgesetzt hat. Das geklärte Butterfett vorsichtig abgießen.

◆ Damit die Sauce nicht gerinnt, sollten Butter und Eigelbmasse etwa die gleiche Temperatur haben. Die Eigelbe müssen sehr gut aufgeschlagen sein.

◆ Sie können die Sauce gut in einem handwarmen Wasserbad warm halten.

◆ Wenn Ihnen die Saucenzubereitung zu aufwendig ist, reichen Sie einfach Kräuterbutter (Fertigprodukt) zu den Rinderfiletscheiben.

LEBERSPIESSE MIT APFELSAUCE

Infoblock

◆ Für den heißen Stein
◆ Arbeitszeit: ca. 35 Minuten
◆ Garzeit: ca. 25 Minuten
◆ 4 Portionen
◆ ca. 380 kcal je Portion

Zutaten

Für die Sauce

1 mittelgroße Zwiebel
3 große Äpfel (z. B. Boskop)
Saft von ½ Zitrone
4 EL Butter
20 g Zucker
⅛ l trockener Weißwein
2 EL Apfelessig
1 Msp. gemahlener Zimt
1 Msp. Currypulver
etwas Salz

Für die Spieße

500 g Leber vom Kalb oder
vom Schwein
1 Glas Silberzwiebeln
(ca. 200 g Abtropfgewicht)
frisch gemahlener schwarzer
Pfeffer

Außerdem

8 Schaschlikspieße aus Holz
oder Metall
1 EL Pflanzenöl für den Stein

1 Die Zwiebel schälen und kleinwürfeln. Die Äpfel schälen, halbieren, entkernen, in gleichmäßige, kleine Stücke schneiden und mit dem Zitronensaft beträufeln.

2 Die Butter in einem kleinen Topf erhitzen und die Zwiebelwürfel darin glasig schwitzen. Den Zucker hineinrühren, alles kurz glasieren und die Apfelstückchen hinzufügen.

3 Das Ganze mit dem Weißwein und dem Apfelessig aufgießen. Die Apfelsauce unter Rühren etwa 10 Minuten leise köcheln lassen und dann mit Zimt, Currypulver und Salz süß-säuerlich abschmecken. Die fertige Sauce warm stellen.

4 Die Leber kalt abspülen und mit Küchenpapier trockentupfen. Dann Häutchen und Sehnen abschneiden.

5 Dann die Leber schräg in dünne Scheiben schneiden und mit den Silberzwiebeln abwechselnd auf die Spieße stecken. Die Leberspieße leicht mit Pfeffer würzen.

6 Den Stein erhitzen, mit Pflanzenöl einpinseln, die Leberspieße darauf legen und von allen Seiten etwa 8 Minuten braten, anschließend salzen. Die Apfelsauce dazu reichen.

BEILAGENTIPS

Reichen Sie zu den Leberspießen Vollkornbaguette oder einige Grissinis. Auch die gibt es bereits aus Weizenvollkornmehl. Zusätzlich sollten Sie einen gemischten Blattsalat (z. B. Lollo Rosso, Radicchio, Feldsalat oder Batavia) mit einer einfachen Essig-Öl-Marinade anbieten. Verwenden Sie dafür vorzugsweise Apfelessig.

REZEPTVARIATIONEN

◆ Wenn Sie gern Tomaten mögen, schlagen wir Ihnen folgende Variation vor. Verwenden Sie anstelle der Silberzwiebeln 24 bis 28 kleine Kirschtomaten. Die Tomaten waschen, trockenreiben, vorsichtig von den Stielansätzen befreien, leicht einritzen und abwechselnd mit den Leberscheiben auf die Spieße stecken.

◆ Sollte Ihnen das Vorbereiten der Apfelsauce zu aufwendig sein, bieten Sie eine Chilisauce (Fertigprodukt) oder pikant abgeschmecktes Apfelmus zu den Spießen an.

GETRÄNKETIPS

◆ Servieren Sie zu den feinen Leberspießen einen gut gekühlten, trockenen Weißwein.

◆ Für Kinder sollten Sie eine Apfelsaftschorle oder einfach ein stilles Mineralwasser anbieten.

KÖSTLICHES MIT FLEISCH & CO.

HACKFLEISCHRÖLLCHEN MIT KNOBLAUCHBUTTER

Infoblock

- Für den heißen Stein
- Arbeitszeit: ca. 20 Minuten
- Garzeit: ca. 10 Minuten
- 4 Portionen
- ca. 650 kcal je Portion

Zutaten

Für die Butter

10 Knoblauchzehen
etwas Salz
125 g weiche Butter
etwa 10 frische Walnußkern-
hälften

Für die Röllchen

600 g Hackfleisch vom Rind
etwas Salz
1 TL rosenscharfes Paprikapulver
1 Msp. edelsüßes Paprika-
pulver
gemahlener schwarzer
Pfeffer
5 Knoblauchzehen
2 mittelgroße Zwiebeln
4 EL Pflanzenöl

1 Für die Butter Knoblauch schälen und durch eine Knoblauchpresse drücken. Den Knoblauch und etwas Salz zusammen mit der Butter cremig rühren. Die Knoblauchbutter in ein Schüsselchen oder in mehrere Soufléförmchen füllen und die Oberfläche glattstreichen.

2 Die Walnußhälften fein hacken und auf die Butter streuen. Die Knoblauchbutter mit Klarsichtfolie abdecken und bis zum Gebrauch in den Kühlschrank stellen.

3 Das Rinderhackfleisch in eine große Metallschüssel geben und mit etwas Salz, den beiden Sorten Paprikapulver sowie dem frisch gemahlenen Pfeffer kräftig würzen.

4 Den übrigen Knoblauch schälen und durch eine Knoblauchpresse drücken. Die Zwiebeln schälen und kleinwürfeln. Die Hälfte der Zwiebelwürfel und den Knoblauch unter den Fleischteig mengen.

5 Aus dem Fleischteig 12 bis 16 fingerlange Röllchen formen, diese mit etwas Pflanzenöl rundherum einpinseln, mit Klarsichtfolie abdecken und bis zum Beginn des Eßvergnügens kalt stellen.

6 Den heißen Stein erhitzen, mit dem restlichen Pflanzenöl bestreichen und mit etwas Salz bestreuen. Die Hackfleischröllchen auf den Stein legen und rundherum knusprig braten. Die gebratenen Hackfleischröllchen mit den restlichen Zwiebelwürfeln und nach Belieben mit etwas Paprikapulver bestreuen. Dazu die Knoblauchbutter servieren.

BEILAGENTIPS

- Reichen Sie zum scharfen Hackfleisch knuspriges Fladen- oder Stangenweißbrot oder frisches Bauernbrot sowie verschiedene Grillsaucen.
- Als frische Komponente empfiehlt sich ein gemischter Blattsalat oder ein knackiger Paprikasalat.
- Wenn Sie es griechisch mögen, können Sie etwas Schafskäse, grüne und schwarze Oliven sowie eingelegte Peperoni zu den Spießen anbieten.
- Wenn Sie die Röllchen mit einem Dip servieren möchten, empfehlen wir Ihnen den Avocadodip (Seite 232).
- Als Stärkebeilage empfehlen wir eine Oliven-Kartoffel-Creme (Seite 224) oder ein Gemüserisotto (Seite 220, unter Rezeptvariationen).
- Wenn Sie ein Kombigerät besitzen, bereiten Sie zu den Fleischröllchen Käseherzen (Seite 231) zu.

KÖSTLICHES MIT FLEISCH & CO.

PRAKTISCHE TIPS

◆ Sie können auch Hackfleisch vom Lamm verwenden.

◆ Wenn Sie ein Kombigerät besitzen, ist folgende Variation zu empfehlen. Den Hackfleischteig zu flachen Pflänzchen formen, von beiden Seiten auf dem heißen Stein braten. Die Frikadellen in mit etwas Pflanzenöl ausgestrichene Raclettepfännchen setzen, mit Käse Ihrer Wahl, wie z. B. Gouda, Leerdamer, Emmentaler oder Raclettekäse belegen und unter der Grillvorrichtung goldgelb überbacken.

GETRÄNKETIPS

Zum kräftigen Hackfleisch paßt ein kühles Pils oder ein roter Tafelwein.

LAMMFLEISCHSPIESSE

Infoblock

- ◆ Für den heißen Stein
- ◆ Arbeitszeit: ca. 20 Minuten
- ◆ Zeit zum Marinieren: 1–3 Stunden
- ◆ Garzeit: ca. 10 Minuten
- ◆ 4 Portionen
- ◆ ca. 300 kcal je Portion

Zutaten

Für die Spieße

600 g Lammfilets
1 EL italienische Kräutermischung (getrocknet), ersatzweise 1 EL getrockneter Thymian
ca. ½ Knolle Knoblauch
50 ml Olivenöl
etwas Salz
gemahlener schwarzer Pfeffer

Außerdem

8 Schaschlikspieße

GETRÄNKETIPS

Zum reichlichen Knoblauchgenuß paßt gut ein kühles Bier. Zu zartem Lammfleisch paßt ein gehaltvoller Rotwein wie z. B. ein Burgunder. Ein griechischer Landwein ist besonders zu empfehlen. Entscheiden Sie nach Ihren Vorlieben.

1 Die Lammfilets kalt abspülen und mit Küchenpapier trockentupfen. Sie dann mit einem scharfen Messer mit dünner Klinge von Häutchen und Sehnen befreien. Das Lammfleisch quer in sehr dünne Scheiben schneiden und diese mit den Trockenkräutern einreiben.

2 Den Knoblauch schälen und dabei große Zehen längs halbieren oder vierteln. Dann die Knoblauchzehen abwechselnd mit den Lammfleischscheiben auf die Spieße stecken. Dabei jede Fleischscheibe zweimal durchstechen.

3 Die Lammfleischspieße rundherum mit Olivenöl einpinseln, in eine Schüssel legen, mit Klarsichtfolie abdecken, an einen kühlen Ort stellen und für 1 bis 3 Stunden marinieren lassen.

4 Nun die Lammfleischspieße nach Belieben salzen und pfeffern und auf dem erhitzten Stein von allen Seiten 8 bis 10 Minuten braten.

BEILAGENTIPS

◆ Reichen Sie zu den Lammspießen griechische Art einen Krautsalat, schwarze und grüne Oliven, eingelegte Peperoni sowie ein frisches, knuspriges Fladenbrot.

◆ Wenn Sie ein Kombigerät besitzen, bereiten Sie zusätzlich Tomaten mit Mozzarella, Käsezucchini (Seite 229 und 230) oder Käseherzen (Seite 231) zu.

REZEPTVARIATION

Wenn Sie gern Gemüse mögen, schlagen wir Ihnen bunte Lamm-Gemüse-Spieße vor. Dazu je 1 kleine gelbe und rote Paprikaschote putzen, waschen, trockenreiben, halbieren, entkernen und in etwa 2 x 2 cm große Stücke schneiden. 2 kleine Zucchini putzen, waschen, trockenreiben und in etwa 2 cm große Würfel schneiden. Das Gemüse abwechselnd mit Knoblauch und Lammfleisch auf Spieße stecken. Das Ganze mit Olivenöl bepinseln und wie angegeben marinieren lassen. Sie können die Lammfleischmenge etwas reduzieren. Wenn Sie die gleiche Menge nehmen, erhalten Sie nachher einige bunte Spieße mehr.

KÖSTLICHES MIT FLEISCH & CO.

MARINIERTE LAMMKOTELETTS MIT DATTELN

Infoblock

◆ **Für den heißen Stein**
◆ **Arbeitszeit: ca. 30 Minuten**
◆ **Zeit zum Marinieren: mind. 60 Minuten**
◆ **Garzeit: ca. 10 Minuten**
◆ **4 Portionen**
◆ **ca. 1060 kcal je Portion**

Zutaten

Für die Koteletts

8 einfache oder 4 doppelte Lammkoteletts
5 EL Olivenöl
5 Knoblauchzehen
½ Zitrone
1 TL getrockneter Thymian
etwas Salz
frisch gemahlener schwarzer Pfeffer

Für die Datteln

12 frische Datteln, ersatzweise konservierte Datteln
12 geschälte Mandeln
12 dünne Scheiben Frühstücksspeck (Bacon)

Außerdem

12 kleine Holzspieße (z. B. Zahnstocher)

---

1 Die Lammkoteletts kalt abspülen, mit Küchenpapier trockentupfen und in eine Schüssel legen. Das Olivenöl in ein Schüsselchen geben. Die Knoblauchzehen schälen und durch eine Presse in das Öl drücken.

2 Die Zitrone auspressen. Den Zitronensaft sowie den Thymian ebenfalls zum Olivenöl geben. Alles gut zu einer Marinade verrühren und diese über den Lammkoteletts verteilen. Das Lammfleisch mit Klarsichtfolie abdecken, an einen kühlen Ort stellen und mindestens 60 Minuten marinieren lassen.

3 In der Zwischenzeit die Datteln waschen, trockenreiben, aufschlitzen und entsteinen. Anstelle des Dattelkernes je eine Mandel hineinsetzen und die Frucht wieder zusammensetzen. Je eine Dattel mit einer Scheibe Speck fest umwickeln und diese mit einem Holzspießchen gut feststecken.

4 Die Lammkoteletts aus der Marinade nehmen, nach Belieben salzen und pfeffern, auf den erhitzten Stein legen und in 8 bis 10 Minuten von beiden Seiten knusprig braten.

5 Etwa 5 Minuten bevor die Koteletts fertig sind, die umwickelten Datteln auf den Stein legen und so lange mitbraten, bis der Frühstücksspeck ebenfalls schön knusprig ist.

BEILAGENTIPS

◆ **Zum Lammfleisch mit Datteln paßt sehr gut eine Pfefferminzsauce. Dazu ½ Bund frische Pfefferminze waschen, trockentupfen, die Blätter von den Stielen zupfen und fein hacken. 1 mittelgroße Zwiebel schälen und ganz fein hacken. Beides mit etwa 100 g Mayonnaise (Fertigprodukt) verrühren und mit Salz sowie frisch gemahlenem Pfeffer abschmecken.**

◆ **Als Stärkebeilage empfehlen wir einen creolischen Reis (Seite 218).**

◆ **Wenn Sie ein Kombigerät besitzen, bereiten Sie zusätzlich Käsezucchini (Seite 229) zu.**

◆ **Servieren Sie zu den würzigen Lammkoteletts einen Tomatensalat, eingelegten Schafskäse und Sesamringe oder Fladenbrot.**

GETRÄNKETIP

Zum marinierten Lammfleisch mit Datteln müssen Sie unbedingt einen Pfefferminztee probieren. Testen Sie doch mal einen losen Pfefferminztee.

KÖSTLICHES MIT FLEISCH & CO.

SCHWEIZER RACLETTE

Infoblock

◆ **Für das Raclettegerät**
◆ **Arbeitszeit: ca. 20 Minuten**
◆ **Garzeit: ca. 25 Minuten**
◆ **4 Portionen**
◆ **ca. 960 kcal je Portion**

Zutaten

1 kg kleine, neue Kartoffeln
etwas Salz
½ TL Kümmelsamen
600 g Schweizer Raclette-
käse in Scheiben
1 kleines Glas Cornichons
(ca. 200 g Abtropfgewicht)
1 kleines Glas Mixed Pickles
(ca. 200 g Abtropfgewicht)
1 kleines Glas Silberzwiebeln
(ca. 200 g Abtropfgewicht)
250 g dünn geschnittenes
Bündner Fleisch, ersatzweise
luftgetrockneter Schinken
gemahlener schwarzer Pfeffer

GETRÄNKETIPS

Die Walliser trinken zu ihrem „Nationalgericht" am liebsten eine Kanne einfachen schwarzen Tee. Wenn das nicht Ihr Fall sein sollte, wählen Sie ein herbes Pils oder ein helles Weißbier.

1 Die Kartoffeln unter fließendem kalten Wasser gründlich abbürsten und in reichlich Wasser, unter Zusatz von Salz und Kümmelsamen zum Kochen aufstellen. Sobald das Ganze kocht, die Hitze reduzieren und die Kartoffeln gar kochen. Die Garzeit beträgt etwa 20 Minuten.

2 In der Zwischenzeit den Raclette-käse entrinden und die Scheiben auf die Größe der Raclettepfännchen zuschneiden und bereitstellen.

3 Cornichons, Mixed Pickles sowie Silberzwiebeln getrennt in ein Sieb geben, abtropfen lassen, in Servierschälchen füllen und bereitstellen. Das Bündner Fleisch auf einer Servierplatte anrichten und ebenfalls bereitstellen.

4 Die Kartoffeln durch ein Sieb abgießen, kurz abdampfen lassen, in eine oder zwei Servierschüsseln geben, alles mit einer Stoffserviette abdecken, warm stellen oder gleich servieren.

5 Das Raclettegerät vorheizen. Die Pfännchen mit Käse bestücken. Das Ganze unter die Grillvorrichtung schieben und den Raclettekäse goldgelb schmelzen lassen.

6 Inzwischen 1 bis 2 Kartoffeln nach Belieben pellen und vierteln, etwas Bündner Fleisch und nach Belieben von dem sauer eingelegten Gemüse auf den Teller geben. Anschließend die Kartoffelstücke mit dem Käse überziehen und das Ganze nach Belieben pfeffern.

BEILAGENTIPS

◆ **Reichen Sie zum ursprünglichen Raclettegericht Stangenweißbrot oder Schwarzbrot. Oder backen Sie Partybrötchen (Seite 226) dazu.**
◆ **Wenn Sie Schinkenfan sind, dann besorgen Sie noch ein paar Scheiben von Ihren Lieblingssorten.**
◆ **Zu dieser Art Raclette paßt auch gut etwas Räucherfisch.**
◆ **Für die frische Komponente empfehlen wir einen kräftigen Blattsalat.**

REZEPTVARIATION

Für eine besonders feine Raclettevariante etwa 250 g frische Pilze, wie z. B. Champignons, Steinpilze oder Pfifferlinge putzen, waschen, trockentupfen, ganz fein schneiden und bereitstellen. Bei Tisch die Pfännchen mit etwas Butter ausstreichen, einige Pilzscheiben hineingeben, kurz unter der Grillvorrichtung braten, dann den Käse darüberlegen und das Ganze goldgelb überbacken.

KÖSTLICHES MIT FLEISCH & CO.

PRAKTISCHER TIP

Falls Sie ein Kombigerät besitzen, können Sie anstelle der Pellkartoffeln auch die Kartoffelspieße mit Lauchgemüse vorbereiten. Die Spieße auf dem heißen Stein braten, den Käse unter der Grillvorrichtung schmelzen und die Kartoffelspieße damit überziehen.

SPARGELPFÄNNCHEN MIT VIER SORTEN SCHINKEN

Infoblock

◆ Für das Raclettegerät
◆ Arbeitszeit: ca. 40 Minuten
◆ Garzeit: ca. 25 Minuten
◆ 4 Portionen
◆ ca. 600 kcal je Portion

Zutaten

1,2 kg frischer weißer
Spargel
etwas Salz
ca. 60 g weiche Butter
1 Prise Zucker
1 EL Zitronensaft
½ Bund Dill
150 g süße Sahne
75 g geriebener Parmesan
gemahlener weißer Pfeffer
je 100 g Parma-, Bauern-,
Schwarzwälder und gekochter
Schinken in dünnen Scheiben

GETRÄNKETIPS

Ein kühler trockener Weißwein, wie z. B. ein grüner Veltliner oder ein Elsässer Edelzwicker ist der ideale Begleiter für Spargel. Wenn Sie Gäste haben, bieten Sie als Aperitif einen trockenen Sherry an.

1 Den Spargel eventuell waschen, trockenreiben und von der Spitze zur Schnittstelle ganz dünn schälen. Dabei, wenn nötig, holzige Stellen entfernen und das Ende etwa 1 cm lang abschneiden.

2 Einen großen Topf mit reichlich Wasser, etwas Salz, etwa der Hälfte der Butter, dem Zucker und dem Zitronensaft zum Kochen aufstellen. Sobald das Ganze kocht, den Spargel hineinlegen und in knappen 15 Minuten garen. Öfter mal eine Garprobe machen.

3 Anschließend den Spargel mit einer Schaumkelle herausnehmen, in einen Durchschlag legen und gut abtropfen lassen, dann quer in 3 bis 4 Teile schneiden und in eine Schüssel geben.

4 Während der Spargel kocht, den Dill waschen, trockenschwenken, die Spitzen von den Stengeln zupfen und anschließend auf einem Holzbrett ganz fein wiegen.

5 Die Sahne in einem kleinen Topf erhitzen und unter ständigem Rühren den Parmesan hineinstreuen. Die Käsesauce leicht salzen, pfeffern und mit Dill verfeinern.

6 Die Sauce über die Spargelstücke geben, das Ganze in eine oder zwei Servierschüsseln geben und zusammen mit der restlichen weichen Butter bereitstellen. Den Schinken auf einer Servierplatte anrichten.

7 Das Raclettegerät vorheizen. Die Raclettepfännchen mit etwas Butter ausstreichen und jeweils mit etwas Spargelgemüse füllen. Dabei auch etwas Sahne-Käse-Sauce darüberlöffeln. Die Pfännchen unter die Grillvorrichtung schieben und das Ganze in etwa 8 Minuten überbacken. Den Schinken dazu reichen.

BEILAGENTIPS

◆ **Was könnte besser zu frischem Spargel mit Schinken passen als Pellkartoffeln. Verwenden Sie vorzugsweise kleine, neue Kartoffeln.**

◆ **Statt Pellkartoffeln können Sie zum Spargelpfännchen mit Schinken auch knuspriges Baguette und selbst gebackene Partybrötchen mit Gemüse- oder Käsefüllung (Seite 226, unter Rezeptvariationen) reichen.**

◆ **Als Salatbeilage empfehlen wir einen feinen Blattsalat, wie z. B. jungen Feldsalat, jungen Spinat oder einfach einen Kopfsalat mit einer Himbeeressig-Öl-Marinade.**

KÖSTLICHES MIT FLEISCH & CO.

REZEPTVARIATIONEN

◆ Sie können auch etwa 200 g frische Champignons putzen, waschen, trockenreiben, ganz fein schneiden und unter das Spargelgemüse mischen.

◆ Wenn Sie es deftig mögen, etwa 100 g rohen oder gekochten Schinken fein würfeln, später jeweils einige Würfel in die Pfännchen geben und etwas Spargelgemüse sowie Sahne-Käse-Sauce darübergeben.

KÄSEBURGER

Infoblock

- Für das Kombigerät
- Arbeitszeit: ca. 30 Minuten
- Garzeit: ca. 15 Minuten
- 4 Portionen
- ca. 940 kcal je Portion

Zutaten

1 kg Rinderhackfleisch
etwas Salz
frisch gemahlener
schwarzer Pfeffer
8 dickere Scheiben Käse
(z. B. Tilsiter, Edamer, Gouda)
2 große Zwiebeln
2 Fleischtomaten
4 Hamburgerbrötchen
2 EL Pflanzenöl für den
Stein

1 Das Rinderhackfleisch mit Salz und Pfeffer kräftig würzen, in acht Portionen teilen und diese mit feuchten Händen zu acht Fleischteigkugeln rollen. Diese flach drücken und zu runden Frikadellen formen. Die Rinde vom Käse abschneiden.

2 Die Zwiebeln schälen und in dünne Ringe schneiden. Dann die Tomaten waschen, trockenreiben, von den Stielansätzen befreien und in Scheiben schneiden. Die Hamburgerbrötchen in zwei Hälften schneiden.

3 Den Stein erhitzen, mit dem Pflanzenöl bestreichen und mit etwas Salz bestreuen. Die Hamburger darauf legen und von jeder Seite etwa 3 Minuten braten. In der Zwischenzeit die Brötchenhälften in die Pfännchen setzen, unter die Grillvorrichtung schieben und von beiden Seiten kurz aufbacken. Die Hälften dabei einmal wenden.

4 Dann je einen Hamburger in ein Raclettepfännchen legen, mit einer Scheibe Käse belegen und das Ganze unter dem Raclettegrill so lange überbacken, bis der Käse geschmolzen ist. In der Zwischenzeit die Zwiebelringe und die Tomatenscheiben auf dem heißen Stein ganz kurz von beiden Seiten braten. Dabei sind die Tomaten schneller gar.

5 Je 2 Brötchenhälften auf einen Teller legen. Zwiebelringe sowie Tomatenscheiben darauf anrichten und die überbackenen Hamburger darauf setzen.

BEILAGENTIPS

Reichen Sie zu den Käseburgern einen Tomaten-Gurken-Salat mit einer einfachen Essig-Öl-Marinade. Geben Sie reichlich feine Zwiebelwürfel in die Salatsauce. Gut paßt auch ein Ananassalat mit Zwiebeln (Seite 214).

REZEPTVARIATIONEN

- Anstelle des Rinderhackfleisches können Sie auch die gleiche Menge gemischtes Hackfleisch oder Lammhackfleisch verwenden.
- Statt der Tomaten können Sie 1 mittelgroßen Zucchino und 1 kleine Aubergine nehmen. Beides putzen, waschen und in etwa ½ cm dünne Scheiben schneiden. Die Gemüsescheiben auf dem heißen, mit Pflanzenöl bestrichenen Stein braten, mit Salz und Pfeffer würzen und auf den Brötchenhälften anrichten.

PRAKTISCHER TIP

Servieren Sie zu den Käseburgern mittelscharfen Senf, Cornichons aus dem Glas und Tomatenketchup.

GETRÄNKETIPS

Zu den Käseburgern paßt ein kühles Pils, ein Glas Limonade, Cola oder Orangensaft.

KÖSTLICHES MIT FLEISCH & CO.

WURSTPFANNE MIT JOHANNISBEERSAHNE

Infoblock

- Für das Raclettegerät
- Arbeitszeit: ca. 20 Minuten
- Garzeit: ca. 10 Minuten
- 4 Portionen
- ca. 1270 kcal je Portion

Zutaten

Für die Pfännchen

2 Debrecziner
(Brühwürstchen)
2 Bockwürste
2 grobe, feste Bratwürste
2 grüne Paprikaschoten
150 g hauchdünn geschnittene Salami
einige eingelegte, milde Pfefferschoten
400 g gemischter Käse in Scheiben (z. B. Greyerzer, Gouda, Tilsiter, Leerdamer)

Für die Sahne

200 g süße Sahne
50 g rotes Johannisbeergelee
1 EL Aceto Balsamico (italienischer Balsamessig)
1 EL eingelegte grüne Pfefferkörner
etwas Salz
frisch gemahlener bunter Pfeffer

1 Die Debrecziner, die Bockwürste und die Bratwürste aus der Wurstpelle lösen und quer in dünne Scheiben schneiden. Die Paprikaschoten waschen, trockenreiben, vierteln, entkernen und quer in feine Streifen schneiden. Die Wurstscheiben, auch die Salami, sowie die Paprikaschoten bereitstellen.

2 Die Pfefferschoten abtropfen lassen, eventuell halbieren und bereitstellen. Den Käse von der Rinde befreien und entsprechend der Pfännchengröße zurechtschneiden.

3 Die Sahne steif schlagen. Das Johannisbeergelee zusammen mit dem Essig glattrühren und vorsichtig unter die Sahne ziehen. Die Pfefferkörner hinzufügen und das Ganze nur leicht mit Salz und Pfeffer würzen. Die Johannisbeersahne in ein Schüsselchen füllen, mit Klarsichtfolie abdecken und bis zum Gebrauch in den Kühlschrank stellen.

4 Das Raclettegerät vorheizen. Die Raclettepfännchen mit verschiedenen Wurstsorten, Paprikastreifen, Peperonistücken und Käsescheibchen bestücken. Das Ganze unter die Grillvorrichtung schieben und die Wurstpfannen goldbraun überbacken.

5 Den Inhalt der Pfännchen auf die Teller geben und nach Belieben mit gemahlenem buntem Pfeffer würzen. Die gut gekühlte Johannisbeersahne dazu servieren.

BEILAGENTIPS

- Reichen Sie zur pikant-scharfen Wurstpfanne süßen und scharfen Senf, eingelegte Maiskölbchen sowie Tomatenpaprika und Cornichons. Probieren Sie doch mal einen körnigen Senf.
- Als Salatbeilage empfehlen wir einen Mais-Bohnen-Salat, einen Paprikasalat oder einen knackigen Blattsalat (z. B. Eisberg-, Endivien- oder Friséesalat).
- Als Stärkebeilage bieten sich Pellkartoffeln (pro Person etwa 200 g), kräftige Brotsorten (z. B. Bauernbrot oder Roggenstange), Partybrötchen (Seite 226) oder eine Oliven-Kartoffel-Creme (Seite 224) an.

KÖSTLICHES MIT FLEISCH & CO.

REZEPTVARIATIONEN

◆ Die angegebenen Wurstsorten sind lediglich Vorschläge. Sie können auch andere Wurstsorten verwenden.

◆ Neben den angegebenen Zutaten können Sie die Raclettepfännchen zusätzlich mit sauer eingelegtem Gemüse, wie z. B. Perlzwiebeln, Paprikaschotenstreifen sowie Cornichons oder mit grünen Oliven ohne Steine bestücken.

GETRÄNKETIP

Zu den deftigen Wurstpfännchen paßt gut ein helles oder dunkles Weißbier.

ENTENBRÜSTCHEN MIT GEFÜLLTEN CRÊPES

Infoblock

◆ **Für das Kombigerät**
◆ **Arbeitszeit: ca. 45 Minuten**
◆ **Garzeit: ca. 30 Minuten**
◆ **4 Portionen**
◆ **ca. 820 kcal je Portion**

Zutaten

Für die Crêpes

150 g Weizenmehl Type 405
2 frische Eier
¼ l Milch
ca. 100 g flüssige Butter
etwas Salz
1 EL Zucker

Für die Füllung

½ Stange Lauch
4 Scheiben Dosenananas mit
etwas Saft
2 EL Butter
50 g Aprikosenmarmelade

Für die Brüstchen

500 g ausgelöste, bratfertige
Entenbrüste ohne Haut
1 EL Pflanzenöl
frisch gemahlener weißer
Pfeffer

Außerdem

etwas flüssige Butter für die
Pfännchen

1 Mit einem elektrischen Handrührgerät aus Mehl, Eiern, Milch und etwa 4 Eßlöffeln flüssiger Butter einen Rührteig herstellen. Den Teig mit Salz und Zucker abschmecken.

2 Nach und nach etwa 50 g Butter in einer kleinen Pfanne erhitzen und 8 bis 12 dünne, kleine Pfannkuchen, mit einem Durchmesser von etwa 15 cm, nacheinander darin ausbacken. Die Crêpes auf einer Arbeitsplatte auslegen.

3 Von der Lauchstange das Grün abschneiden und nur das Weiße verwenden. Die Lauchstange zwischen den Blattschichten gründlich waschen, trockentupfen und quer in hauchdünne Streifen schneiden.

4 Die Ananasscheiben in schmale Ecken schneiden. Die Butter in einer Pfanne erhitzen und die Lauchstreifen darin andünsten. Dann die Ananasecken zusammen mit etwas Saft sowie der Aprikosenmarmelade hineinrühren. Das Ganze kurz durchkochen.

5 Die Lauch-Ananas-Mischung auf die Pfannkuchen verteilen. Danach die Crêpes zu Vierteln zusammenfalten (zweimal falten).

6 Die Raclettepfännchen mit etwas Butter auspinseln, die gefüllten Crêpes hineinlegen und ebenfalls mit etwas Butter bepinseln. Die Pfännchen bereitstellen.

7 Die Entenbrüste in dünne Scheiben schneiden. Den heißen Stein erhitzen und mit dem Pflanzenöl bestreichen. Die Entenbrustschnitzelchen leicht salzen und pfeffern.

8 Die Pfännchen in die Raclettevorrichtung schieben und die Crêpes goldbraun backen. Während die Crêpes backen, das Entenfleisch auf den Stein legen und von jeder Seite 1 bis 2 Minuten braten.

BEILAGENTIPS

◆ **Zu den gebratenen Entenbrustscheibchen passen eine süße Sojasauce, Erdnußbutter und Krupuk (Krabbenchips).**

◆ **Als frische Beilage empfiehlt sich der Ananassalat mit Zwiebeln (Seite 214) und ein Blattsalat mit zarten, frischen Sojasprossen. Die Sprossen vorab kurz blanchieren.**

◆ **Wenn Sie mögen, dippen Sie die Entenbrustscheiben in verschiedene Saucen aus dem asiatischen Raum. Fragen Sie im Asienladen nach.**

LECKERES MIT GEFLÜGEL

REZEPTVARIATION

Die Entenschnitzelchen können vorab auch mariniert werden. Dazu etwa 10 Eßlöffel Orangenlikör und 4 Eßlöffel Erdnußöl miteinander verrühren. Die Mischung über die Fleischscheibchen geben, das Ganze abdecken und mindestens 60 Minuten durchziehen lassen. Später die Schnitzelchen herausnehmen, etwas abtupfen und zum Braten bereitstellen.

GETRÄNKETIPS

◆ Zu diesem chinesisch angehauchten Gericht paßt ein grüner Tee, der die Geschmacksnerven „harmonisiert" und dem Genuß des Entenfleisches den Vorrang läßt.

◆ Wer es fruchtiger mag, der kann Bananen-, Orangen- oder Ananassaft mit viel Eiswürfeln dazu servieren. Verdünnen Sie die Säfte nach Belieben mit Mineralwasser.

MARINIERTE GÄNSESCHNITZELCHEN

Infoblock

- Für den heißen Stein
- Arbeitszeit: ca. 15 Minuten
- Zeit zum Marinieren: ca. 2 Stunden
- Garzeit: ca. 6 Minuten
- 4 Portionen
- ca. 490 kcal je Portion

Zutaten

600 g ausgelöste Gänsebrüste mit Haut
frisch gemahlener weißer Pfeffer
100 g Aprikosenmarmelade
Saft von 1 Orange
Saft von ½ Zitrone
4 EL Marsala (Dessertwein aus Italien)
100 ml trockener Weißwein
1 TL Currypulver
1 EL Pflanzenöl für den Stein
etwas Salz

GETRÄNKETIPS

Als Aperitif empfehlen wir ein Gläschen Marsala (italienischer Dessertwein) und zum Essen einen gekühlten Weißwein.

1 Die Gänsebrüste kalt abwaschen, mit Küchenpapier trockentupfen, nach Belieben häuten oder die Haut mit einem scharfen Messer kreuzweise einschneiden. Die Brüstchen in dünne Scheiben schneiden und leicht mit Pfeffer einreiben.

2 Die Aprikosenmarmelade in einem kleinen Topf zusammen mit dem Orangen- und dem Zitronensaft verrühren. Unter ständigem Rühren und bei milder Hitze Marsala, Weißwein sowie Currypulver hinzufügen. Alles glattrühren, den Topf vom Herd nehmen und das Ganze etwas abkühlen lassen.

3 Die Gänsebrustschnitzelchen in eine flache Schale geben, mit der lauwarmen Marinade begießen, alles mit Klarsichtfolie abdecken und für etwa 2 Stunden in den Kühlschrank stellen.

4 Die Gänseschnitzelchen aus der Marinade nehmen und mit Küchenpapier leicht abtupfen. Den heißen Stein erhitzen, mit dem Öl bepinseln, etwas Salz darauf streuen. Die Schnitzelchen darauf legen und je nach gewünschtem Garzustand (medium oder durchgebraten) von jeder Seite 2 bis 3 Minuten braten.

BEILAGENTIPS

◆ Servieren Sie zu den feinen Gänseschnitzelchen Stangenweißbrot sowie creolischen Reis (Seite 218) oder eine Oliven-Kartoffel-Creme (Seite 224). Ferner paßt ein Blattsalat mit einer einfachen Essig-Öl-Marinade. Schmecken Sie die Salatsauce doch mal mit etwas Marsala ab.

◆ Wenn Sie eine Sauce zum Gänsefleisch wünschen, empfehlen wir die Cocktailsauce mit Erdnüssen (Seite 233) oder die Ti-Malice-Sauce (Seite 234).

◆ Sollten Sie ein Kombi- oder ein Raclettegerät besitzen, dann bereiten Sie zusätzlich Käseherzen (Seite 231), Tomaten mit Mozzarella (Seite 229) oder Käsezucchini (Seite 230) zu.

REZEPTVARIATION

Die Marinade kann beliebig ergänzt werden. Geben Sie frisch gehackte oder getrocknete Kräuter, wie z. B. Thymian, Majoran, Rosmarin oder Koriandergrün, frisch gehackten Ingwer oder Ingwerpulver sowie frisch gehackten Knoblauch dazu.

LECKERES MIT GEFLÜGEL

PUTE MIT THUNFISCHDIP

Infoblock

- ◆ Für den heißen Stein
- ◆ Arbeitszeit: ca. 30 Minuten
- ◆ Zeit zum Marinieren:
  ca. 60 Minuten
- ◆ Garzeit: ca. 6 Minuten
- ◆ 4 Portionen
- ◆ ca. 820 kcal je Portion

Zutaten

Für die Schnitzel

500 g Putenschnitzel
50 ml Marsala
½ TL gemahlener Salbei
frisch gemahlener Pfeffer

Für den Dip

1 TL mittelscharfer Senf
2 frische Eigelb
200 ml Olivenöl, Salz
gemahlener weißer Pfeffer
Saft von ½ Zitrone
1 Spritzer Worcestershiresauce
1 kleine Dose Thunfisch im
eigenen Saft (ca. 150 g
Abtropfgewicht)
2 EL Weißwein
2 EL eingelegte Kapern
1 entgrätetes Sardellenfilet
1 unbehandelte Zitrone

Außerdem

1–2 EL Pflanzenöl
etwas Salz

---

1 Die Putenschnitzel in kleine Schnitzel schneiden und mit der Hand flachdrücken. Das Fleisch in eine Schüssel legen, mit dem Marsala begießen und mit Salbei würzen. Das Ganze mit Klarsichtfolie abdecken und für etwa 60 Minuten in den Kühlschrank stellen.

2 Mit einem elektrischen Handrührgerät den Senf zusammen mit den Eigelben cremig rühren. Das Gerät auf höchste Stufe stellen und das Olivenöl nach und nach in einem dünnen Strahl darunterschlagen. Die cremige Mayonnaise mit Salz, Pfeffer, dem Zitronensaft sowie mit der Worcestershiresauce abschmecken.

3 Den Thunfisch abtropfen lassen, mit einer Gabel zerpflücken und zusammen mit dem Weißwein fein pürieren. Die Kapern und das Sardellenfilet fein wiegen, zum Thunfischpüree geben und alles einmal durchmixen. Die Thunfisch-Kapern-Masse zusammen mit der Mayonnaise gut verrühren und das Ganze nochmals abschmecken.

4 Den Dip in kleine Souffléförmchen füllen. Die Zitrone heiß abwaschen, mit einem Tuch trockenreiben und in ganz dünne Scheiben schneiden. Den Thunfischdip damit garnieren und kalt stellen.

5 Den Stein erhitzen, mit dem Öl bestreichen und mit etwas Salz bestreuen. Die Putenschnitzelchen darauf legen, mit etwas Pfeffer würzen und von jeder Seite etwa 3 Minuten braten. Den Thunfischdip dazu servieren.

BEILAGENTIPS

◆ Servieren Sie zu den marinierten Putenschnitzelchen ein Champignonrisotto (Seite 220) oder Kaviarspaghetti (Seite 222). Gut paßt auch ein Gemüserisotto (Seite 220, unter Rezeptvariationen).

◆ Wenn Sie Lust auf mehrere Dips haben, empfehlen wir Ihnen noch einen Avocadodip (Seite 232) und eine Cocktailsauce mit Erdnüssen (Seite 233). Bereiten Sie dann von allen Saucen nur jeweils ½ Rezept zu.

◆ Neben einer Stärkebeilage empfehlen wir Ihnen noch einen zarten Blattsalat, wie z. B. Feld- oder Rucolasalat oder jungen Spinat, mit einer einfachen Weißweinessig-Olivenöl-Marinade.

GETRÄNKETIP

Putenfleisch und Thunfisch schreiben einen gut gekühlten Weißwein geradezu vor.

LECKERES MIT GEFLÜGEL

PRAKTISCHE TIPS

◆ Sie können den Thunfischdip anstatt mit Mayonnaise auch mit 200 g saurer Sahne und 1 Eßlöffel gehackter Zitronenmelisse zubereiten.

◆ Wenn Sie keine Zeit für die selbst hergestellte Mayonnaise haben, können Sie auch auf ein Fertigprodukt zurückgreifen. Bevorzugen Sie ein leichtes Produkt, das spart Kalorien und schmeckt trotzdem.

HÄHNCHENPFÄNNCHEN

Infoblock

- Für das Raclettegerät
- Arbeitszeit: ca. 25 Minuten
- Zeit zum Marinieren: ca. 60 Minuten
- Garzeit: ca. 12 Minuten
- 4 Portionen
- ca. 570 kcal je Portion

Zutaten

400 g ausgelöste, bratfertige Hähnchenbrust
3 EL Ahornsirup
6 EL Pflanzenöl
Saft von ½ Zitrone
frisch gemahlener bunter Pfeffer
100 g Frühstücksspeck am Stück
1 Stück frische Ingwerwurzel (ca. 2 cm lang)
150–200 g Gomserkäse (Raclettekäse aus der Schweiz)

GETRÄNKETIP

Zu zartem Hähnchenfleisch passen gut gekühlte Weißweine aus Baden oder Franken.

1 Das Hähnchenfleisch schräg in hauchdünne Scheiben schneiden. Ahornsirup, Pflanzenöl sowie Zitronensaft miteinander verrühren. In einer Schüssel die Hähnchenscheiben zusammen mit der Sauce vermengen. Das Ganze mit Pfeffer würzen, mit Klarsichtfolie abdecken und dann für etwa 60 Minuten in den Kühlschrank stellen.

2 Den Frühstücksspeck zunächst in schmale Streifen und dann in kleine Würfel schneiden. Den Ingwer schälen und ganz fein würfeln. Den Käse entrinden und in passende Scheiben oder Würfel schneiden.

3 Die durchgezogenen Hähnchenscheibchen aus der Marinade nehmen, leicht abstreifen und zusammen mit den übrigen Zutaten bereitstellen.

4 Das Raclettegerät vorheizen. Die Pfännchen mit wenigen Hähnchenscheibchen sowie einigen Speck- und Ingwerwürfeln bestücken, unter die Grillvorrichtung schieben und das Ganze etwa 5 Minuten garen. Dann mit Käse belegen und goldbraun überbacken.

BEILAGENTIPS

◆ Reichen Sie zum überbackenen Hähnchenfleisch verschiedene Chutneys, Relishes und sauer eingelegtes Gemüse (Fertigprodukte).

◆ Auf jeden Fall sollten Sie zum Hähnchen mit Käse einen frischen Blatt- und einen Tomatensalat anbieten.

◆ Als Stärkebeilage empfehlen wir Ihnen einen Safranreis. Dazu etwa 2 Eßlöffel Rosinen in reichlich Wasser oder Orangensaft einweichen. Etwa 200 g Langkornreis garen, 1 kleine Zwiebel schälen, ganz fein hacken und in etwa 2 Eßlöffeln Butter glasig dünsten. Die Rosinen abgießen, zusammen mit der Zwiebel und 2 Messerspitzen Safranpulver unter den fertigen Reis mischen. Das Ganze warm stellen oder sofort servieren. Andere mögliche Beilagen sind Kartoffel-Kräuter-Burger (Seite 208) oder Reispflänzchen mit Brokkoli (Seite 210). Sie sollten die Zutatenmengen halbieren.

REZEPTVARIATION

Anstatt Hähnchenfleisch eignen sich ebenso Puten- oder Entenfleisch, Fisch oder Gemüse. Es ist wichtig, daß die Zutaten hauchdünn geschnitten werden, damit sie unter der Grillvorrichtung auf jeden Fall gut durchbraten. Die Zutaten immer eine Weile im Pfännchen vorgaren, dann mit Käse belegen und überbacken.

LECKERES MIT GEFLÜGEL

FRUCHTIGE GEFLÜGELSPIESSE

Infoblock

◆ **Für das Kombigerät**
◆ **Arbeitszeit: ca. 30 Minuten**
◆ **Garzeit: ca. 10 Minuten**
◆ **4 Portionen**
◆ **ca. 430 kcal je Portion**

Zutaten

Für die Spieße

400 g Putenschnitzel
etwas Salz
frisch gemahlener weißer
Pfeffer
2 EL Sojasauce

Für die Pfännchen

2 Bananen
4 Scheiben frische Ananas,
ersatzweise Dosenware
2 EL flüssiger Honig
½ Zitrone
2 EL Kokosraspeln
150 g Raclettekäse in
Scheiben

Außerdem

4–8 Schaschlickspieße aus
Holz oder Metall
2 EL Pflanzenöl für den
Stein

1 Das Putenfleisch kalt abspülen, mit Küchenpapier trockentupfen, in dünne Scheiben schneiden, auf Schaschlickspieße stecken und rundherum mit Salz, Pfeffer und Sojasauce würzen.

2 Die Bananen schälen und in Scheiben schneiden. Das Ananasfruchtfleisch in kleine Ecken schneiden. Beides in einer Schüssel zusammen mit Honig, Zitronensaft und Kokosraspeln vermengen. Den Käse entrinden, auf Pfännchengröße zuschneiden und alles bereitstellen.

3 Den Stein erhitzen, mit Pflanzenöl bestreichen, die Geflügelspieße darauf legen und in 10 bis 12 Minuten rundherum knusprig braten.

4 Die Pfännchen mit etwas Obstmischung füllen, mit Käse belegen; wenn die Spieße etwa zur Hälfte gar sind, unter die Raclettevorrichtung schieben und goldgelb überbacken.

BEILAGENTIPS

◆ Zu den Geflügelspießen passen frische Blattsalate mit einer Essig-Öl-Marinade, ein Ananassalat mit Zwiebeln (Seite 214) oder ein Bohnensalat.
◆ Als Stärkebeilage empfehlen wir Stangenweißbrot, selbstgebackene Partybrötchen (Seite 226) oder creolischen Reis (Seite 218).

REZEPTVARIATIONEN

◆ Statt der Ananas-Bananen-Pfännchen können Sie auch mal Tomaten-Papaya-Pfännchen (Seite 198) zu den Geflügelspießen zubereiten. Reduzieren Sie die Zutatenmenge einfach.
◆ Statt Putenfleisch können Sie auch Hähnchenschnitzel verwenden.
◆ Sollten Sie kein Kombigerät besitzen, so läßt sich dieses Rezept im Raclettegerät zubereiten. Dazu das Geflügelfleisch hauchdünn schneiden, würzen, in mit Erdnußöl ausgestrichene Pfännchen legen und unter der Grillvorrichtung in etwa 10 Minuten knusprig braten. Die Obstpfännchen gleichzeitig garen. Es ist wichtig, daß Sie nur jeweils wenig Fleisch nehmen, damit es gut durchbrät.

GETRÄNKETIP

Zu der raffinierten Kombination von Geflügel, Obst und Käse sollten Sie einen trockenen Weißwein servieren.

LECKERES MIT GEFLÜGEL

CREOLISCHE HÄHNCHENSPIESSE

Infoblock

- ◆ Für den heißen Stein
- ◆ Arbeitszeit: ca. 20 Minuten
- ◆ Zeit zum Marinieren: ca. 30 Minuten
- ◆ Garzeit: ca. 6 Minuten
- ◆ 4 Portionen
- ◆ ca. 440 kcal je Portion

Zutaten

Für die Spieße

- 500 g Hähnchenschnitzel
- 1 frische rote Chilischote
- 1 Knoblauchzehe
- 5 EL weißer Rum
- 5 EL Sherry
- 1 TL brauner Zucker
- 4 EL Erdnußöl, Salz
- 100 g Erdnußbutter

Außerdem

- 12–16 Schaschlickspieße aus Holz oder Metall

---

1 Die Hähnchenschnitzel kalt abspülen, dann mit Küchenpapier trockentupfen und in dünne Streifen schneiden. Die Chilischote putzen, waschen, trockenreiben, längs aufschlitzen, entkernen und fein hacken. Die Knoblauchzehe schälen, dann durch eine Knoblauchpresse drücken.

2 Chili, Knoblauch, Rum, Sherry, Zucker und 3 Eßlöffel Erdnußöl in ein Schüsselchen geben und zu einer Marinade verrühren.

3 Die Hähnchenfleischstreifen so auf die Spieße stecken, daß jeder Streifen am Anfang und Ende durchstochen wird. Die Hähnchenspieße mit der Marinade rundherum einpinseln, auf eine tiefe Platte legen, mit einer Klarsichtfolie abdecken und etwa 30 Minuten durchziehen lassen.

4 Den Stein erhitzen, mit dem restlichen Erdnußöl bestreichen und mit etwas Salz bestreuen. Die Spieße darauf legen und rundherum in etwa 6 Minuten knusprig braten. Die Erdnußbutter auf die Hähnchenspieße streichen und den Rest dazu reichen.

BEILAGENTIPS

◆ Wenn Sie Erdnüsse mögen, dann reichen Sie zu den Hähnchenspießen den creolischen Reis (Seite 218).

◆ In jedem Fall sollten Sie frische Gemüsescheiben zum Braten auf dem Stein bereitstellen. Feste Zucchini, kleine Auberginen und feste Tomaten bieten sich bestens an. Die Scheiben nicht zu dünn schneiden und nach dem Garen mit Salz, frisch gemahlenem Pfeffer sowie süßer oder scharfer Sojasauce würzen.

◆ Wenn Sie gern scharf essen, verzichten Sie auf die Erdnußbutter. Bereiten Sie statt dessen die Ti-Malice-Sauce (Seite 234) zu.

REZEPTVARIATIONEN

◆ Das Hähnchenfleisch kann durch jede andere Fleischsorte, die sich zum Kurzbraten eignet, ausgetauscht werden. Sie sollten bevorzugt Schnitzelfleisch verwenden. Bei Geflügel bietet sich auch Brustfleisch an.

◆ Wenn Sie es besonders scharf mögen, schneiden Sie einige eingelegte Peperoni in Stücke und spießen sie zwischen die Fleischstückchen.

GETRÄNKETIPS

Zum Essen empfehlen wir ein Pils und Mineralwasser mit Limettensaft und reichlich Eiswürfeln.

LECKERES MIT GEFLÜGEL

HUMMERKRABBEN AUF KARIBISCHE ART

Infoblock

- ◆ Für den heißen Stein
- ◆ Arbeitszeit: ca. 30 Minuten
- ◆ Zeit zum Marinieren: mind. 30 Minuten
- ◆ Garzeit: ca. 10 Minuten
- ◆ 4 Portionen
- ◆ ca. 450 kcal je Portion

Zutaten

Für die Krabben

8 Hummerkrabben in der Schale
etwas Salz
frisch gemahlener weißer Pfeffer
Saft von 1 Limette

Für die Sauce

5 Knoblauchzehen
1 frische rote Chilischote
50 g Butter
1 EL Tomatenmark
4 EL weißer Rum
50 g Kokoscreme aus der Dose

Außerdem

1 EL Pflanzenöl für den Stein
1 langes Baguettebrot

1 Die Hummerkrabben schälen, die Schalen waschen und dann zum Abtropfen auf ein Stück Küchenpapier legen. Die Hummerkrabben am Rücken entlang einschneiden, die Därme entfernen, das Fleisch unter fließendem, kaltem Wasser gründlich waschen und trockentupfen.

2 Nun die Hummerkrabben in eine Schüssel legen, leicht salzen, pfeffern und mit Limettensaft beträufeln. Das Ganze abdecken und mindestens 30 Minuten im Kühlschrank marinieren lassen.

3 Die Knoblauchzehen schälen und kleinhacken. Die Chilischote putzen, waschen, trockenreiben, längs aufschlitzen, die Kerne entfernen und die Schote fein würfeln.

4 In einer Pfanne die Butter erhitzen. Die Knoblauch- und Chiliwürfel sowie die Krabbenschalen hineingeben. Das Tomatenmark unter Rühren dazugeben. Die Schalen 5 bis 10 Minuten durchkochen und dann das Ganze mit Rum ablöschen.

5 Die Kokoscreme mit etwa ¼ l kochendem Wasser verrühren und zu der Schalenmischung in die Pfanne gießen. Das Ganze einmal

aufkochen lassen, die Sauce durch ein Metallsieb passieren, nochmals abschmecken und warm halten.

6 Den Stein erhitzen und mit Pflanzenöl bepinseln. Die Hummerkrabben darauf legen und von jeder Seite etwa 4 Minuten braten. Die Chilisauce und das Brot dazu servieren.

BEILAGENTIPS

- ◆ Reichen Sie zu den karibischen Hummerkrabben einen Ananassalat mit Zwiebeln (Seite 214) oder einen bunten Hähnchenbrustsalat (Seite 216) oder einfach einen knackigen Blattsalat in einer Essig-Öl-Marinade.
- ◆ Als Stärkebeilage empfehlen wir einen creolischen Reis (Seite 218), Kaviarspaghetti (Seite 222) oder ein Champignonrisotto (Seite 220).
- ◆ Wenn Sie mal eine andere Sauce probieren möchten, empfehlen wir Ihnen die Ti-Malice-Sauce (Seite 234) oder den Avocadodip (Seite 232).

GETRÄNKETIPS

Zu den Hummerkrabben paßt ein gut gekühlter, trockener Weißwein, z. B. ein Entre-Deux-Mers, oder ein Prosecco, der beliebte Schaumwein aus dem Nordosten Italiens.

EDLES MIT FISCH & CO.

REZEPTVARIATIONEN

◆ Anstatt frischer Hummerkrabben können Sie auch tiefgefrorene Garnelen in der Schale verwenden. Die Garnelen auftauen lassen, pulen und das Garnelenfleisch zwecks besserer Handhabung auf Spieße stecken. Dann das Ganze wie angegeben fertigstellen.

◆ Sollten Sie keine Kokoscreme zur Verfügung haben, so überbrühen Sie 200 g Kokosflocken mit etwa ¼ l kochendem Wasser. Die Masse nach etwa 5 Minuten durch ein mit einem Geschirrtuch ausgelegtes Sieb geben, mit den Händen kräftig ausdrücken, die Kokosmilch auffangen und die Sauce damit zubereiten.

FRUCHTIGE KRABBENPFÄNNCHEN

Infoblock

◆ Für das Raclettegerät
◆ Arbeitszeit: ca. 20 Minuten
◆ Garzeit: ca. 10 Minuten
◆ 4 Portionen
◆ ca. 360 kcal je Portion

Zutaten

500 g TK-Krabben
(Tiefseegarnelen)
5 EL dunkle Sojasauce
1 EL Honig
4 EL Sonnenblumenöl
50 g süße Sahne
50 g Kokosraspeln
2 Scheiben Dosenananas
mit etwas Saft
1 Banane
etwas Salz
frisch gemahlener weißer
Pfeffer
etwas Ingwerpulver

1 Die Krabben auftauen lassen, in ein Sieb geben, sehr gut abtropfen lassen und dann in eine Schüssel legen. Sojasauce, Honig, Sonnenblumenöl, Sahne sowie Kokosraspeln in ein Schüsselchen geben, gut miteinander verrühren und die Sauce zusammen mit den Krabben mischen.

2 Die Ananasscheiben gleichmäßig in kleine Stücke schneiden. Die Banane schälen, der Länge nach vierteln und in dünne Stücke schneiden.

3 Die Ananasstücke zusammen mit etwas Saft und den Bananenstücken unter die Krabbenmischung mengen. Das Ganze mit Salz, Pfeffer und Ingwer pikant abschmecken, in Schüsseln füllen und bereitstellen.

4 Das Raclettegerät vorheizen. Jeweils etwas Krabben-Frucht-Mischung in die Pfännchen geben. Das Ganze unter die Grillvorrichtung schieben und in etwa 5–7 Minuten gratinieren lassen.

BEILAGENTIPS

◆ Zu den fruchtigen Krabbenpfännchen passen ein Ananassalat mit Zwiebeln (Seite 214) oder frische Blattsalate, wie z. B. Kopf- oder Eisbergsalat, mit einer cremigen Joghurtsauce. Dazu etwa 100 g Naturjoghurt mit etwas Salz und Pfeffer, dem Saft von ½ Zitrone, 1 Prise Zucker, 1 Teelöffel frischen Dillspitzen und 1 Schuß Obstessig abschmecken.

◆ Als Stärkebeilage empfehlen wir ½ Rezept Reispflänzchen mit Brokkoli (Seite 210), Champignonrisotto (Seite 220), creolischen Reis (Seite 218) oder Kaviarspaghetti (Seite 222) und auf jeden Fall zusätzlich knuspriges Stangenweißbrot.

◆ Wenn Sie mögen, kombinieren Sie die Krabbenpfännchen mit Käsezucchini (Seite 230), mit Tomaten mit Mozzarella (Seite 229) oder mit ½ Rezept Tomaten-Papaya-Pfännchen (Seite 198) bzw. mit Paprikapfännchen mit Gorgonzola (Seite 196).

GETRÄNKETIP

Zu dem euro-asiatischen Gericht paßt zum Aperitif ein Lycheecocktail und zum Essen selbst ein gekühlter Pflaumenwein. Für den Lycheecocktail etwas gut gekühlten Lycheewein in ein Martiniglas geben. Etwa 2 Lycheefrüchte (Dosenware) auf ein Spießchen stecken und ins Glas geben.

EDLES MIT FISCH & CO.

GRATINIERTE KRÄUTERMUSCHELN

Infoblock

- **Für das Raclettegerät**
- **Arbeitszeit: ca. 30 Minuten**
- **Garzeit: ca. 10 Minuten**
- **4 Portionen**
- **ca. 610 kcal je Portion**

Zutaten

Für die Muscheln

1 mittelgroße Zwiebel
2 Knoblauchzehen
½ Bund gemischte Kräuter
(z. B. Dill, Blattpetersilie,
Basilikum)
300 g eingelegtes Muschelfleisch mit Sud (aus dem
Glas)
50 g Butter
ca. 3 EL Weizenmehl
Type 405
200 ml trockener Weißwein
etwas Salz
frisch gemahlener weißer
Pfeffer
100 g geriebener Raclettekäse
1 EL Crème fraîche

Außerdem

1 langes Baguettebrot
ca. 80 g Kräuterbutter
(Fertigprodukt)

1 Die Zwiebel sowie die Knoblauchzehen schälen und beides kleinwürfeln. Die Kräuter waschen, gut trockenschwenken, die Blätter von den Stengeln zupfen und fein wiegen. Die Muscheln in ein Sieb geben, abtropfen lassen und dabei den Sud auffangen.

2 In einem Topf die Butter erhitzen. Die Zwiebelwürfel hineingeben und glasig schwitzen. Unter ständigem Rühren das Mehl dazusieben und hell anschwitzen. Das Ganze mit dem Weißwein, etwa 200 ml Wasser sowie mit dem Muschelsud ablöschen, kräftig aufschlagen, die Hitze reduzieren und die helle Sauce unter ständigem Rühren etwa 5 Minuten kochen lassen. Sie dann mit Salz und Pfeffer abschmecken.

3 Die Muscheln, den Raclettekäse und die Kräuter unter die helle Sauce mischen. Das Ganze mit der Crème fraîche verfeinern, in Servierschüsseln füllen und bereitstellen.

4 Das Raclettegerät vorheizen. Jeweils etwas Kräutermuschelmischung in die Raclettepfännchen füllen. Die Pfännchen unter die Grillvorrichtung schieben. Die Kräutermuscheln in 5 bis 7 Minuten goldbraun gratinieren lassen. Brot und Butter dazu servieren.

BEILAGENTIPS

- Reichen Sie zu den feinen Kräutermuscheln einen gemischten Blattsalat mit einer Essig-Öl-Marinade oder einen Gurkensalat in einem einfachen Sahnedressing mit gehacktem Dill.
- Als Stärkebeilage empfehlen wir neben knusprigem Stangenweißbrot ein Champignon- oder Gemüserisotto (Seite 220), Kaviarspaghetti (Seite 222) oder einen einfachen Butterreis (etwa 50 g Rohgewicht je Portion).
- Als Gemüsebeilage bieten sich gratinierte Gemüsestreifen (Seite 192) oder auch überbackene Käsechampignons (Seite 190) an. Sie sollten die Zutatenmengen in beiden Fällen etwas reduzieren.

REZEPTVARIATIONEN

- Statt mit Raclettekäse können Sie die Kräutermuscheln auch mit einem anderen Käse Ihrer Wahl, wie z. B. Edamer, Leerdamer, Appenzeller, Pecorino oder Parmesan, zubereiten.
- Die Kräutermuschelmischung kann um eine Pilzkomponente erweitert werden. Dafür etwa 200 g frische Champignons putzen, waschen, trockenreiben, in ganz feine Scheiben schneiden und zusammen mit einigen Zwiebelwürfeln in etwa 1 Eßlöffel Butter andünsten. Dann die Pilz-Zwiebel-Mischung später zusammen mit den Muscheln in die helle Sauce geben.

EDLES MIT FISCH & CO.

GETRÄNKETIP

Servieren Sie zur Muschelpfanne einen Kir. Dazu 1 Schuß Cassis (Likör aus schwarzen Johannisbeeren) in eine Sektflöte gießen und das Ganze mit eiskaltem Sekt auffüllen.

GRATINIERTE MEERESFRÜCHTE

Infoblock

- Für das Raclettegerät
- Arbeitszeit: ca. 30 Minuten
- Zeit zum Marinieren: ca. 15 Minuten
- Garzeit: ca. 20 Minuten
- 4 Portionen
- ca. 780 kcal je Portion

Zutaten

Für die Meeresfrüchte

ca. 600 g TK-Meeresfrüchte-mischung (z. B. Garnelen, Muscheln, Tintenfische etc.)
5 EL Reiswein, ersatzweise Sherry
1 mittelgroße Zwiebel
50 g Butter
etwas Salz
frisch gemahlener schwarzer Pfeffer
1 EL Currypulver
200 g süße Sahne
1 EL Mangochutney (Fertigprodukt)
1 frisches Eigelb

Außerdem

reichlich Stangenweißbrot
ca. 80 g Kräuterbutter

---

1 Die Meeresfrüchte in ein Sieb geben, unter fließendem, kaltem Wasser gründlich abbrausen und sehr gut abtropfen lassen.

2 Das Ganze auf einige Stücke Küchenpapier geben, vorsichtig trockentupfen, dann in eine Schüssel umfüllen, mit dem Reiswein beträufeln, abdecken und etwa 15 Minuten marinieren lassen.

3 Die Zwiebel schälen und kleinwürfeln. Die Butter in einem Topf erhitzen. Die Zwiebelwürfel hineingeben und kurz anschwitzen.

4 Dann die Meeresfrüchte hinzufügen und alles unter Rühren so lange dünsten, bis der austretende Saft einreduziert ist. Das Ganze salzen, pfeffern und mit Currypulver bestäuben. Etwa 100 g Sahne sowie das Mangochutney hineinrühren. Nach etwa 1 Minute den Topf vom Herd nehmen.

5 Die restliche Sahne zusammen mit dem Eigelb verrühren und dann das Ganze unter die Meeresfrüchtemischung rühren. Alles nochmals abschmecken und bereitstellen.

6 Das Raclettegerät vorheizen. Jeweils etwas Meeresfrüchtecocktail in die Pfännchen füllen und unter die Grillvorrichtung schieben. Das Ganze in etwa 5–7 Minuten goldgelb gratinieren lassen. Weißbrot und Kräuterbutter dazu reichen.

BEILAGENTIPS

◆ Bieten Sie neben frischem Weißbrot ein Champignonrisotto (Seite 220), einen creolischen Reis (Seite 218) oder einfach einen Butterreis (etwa 50 g Rohgewicht je Portion) zu den überbackenen Meeresfrüchten an. Was auch gut paßt, sind Reispflänzchen mit Brokkoli (Seite 210) oder Kartoffel-Kräuter-Burger (Seite 208). Hierbei sollten Sie die Zutatenmengen reduzieren.

◆ Als Salatbeilage empfehlen wir einen Ananassalat mit Zwiebeln (Seite 214) oder frische Blattsalate.

◆ Wenn Sie etwas Gemüse wünschen, dann wählen Sie zwischen gratinierten Gemüsestreifen (Seite 192), Tomaten-Papaya-Pfännchen (Seite 198), Tomaten mit Mozzarella (Seite 229) oder Käsezucchini (Seite 210). Je nach Anzahl der einzelnen Gerichte sollten Sie die Zutatenmengen halbieren.

EDLES MIT FISCH & CO.

REZEPTVARIATION

Käsefans können die Meeresfrüchtepfännchen auch erweitern. Wählen Sie einen Ihrer Lieblingskäse. Wir empfehlen 50 g geriebenen Greyerzer, der einfach unter die fertige Mischung gerührt wird.

GETRÄNKETIP

Zu diesem exotisch angehauchten Gericht passen fruchtige Getränke. Geben Sie z. B. ein Teil Maracuja- oder Bananensaft in ein Sektglas und füllen das Ganze mit gekühltem, trockenem Sekt auf.

WALLER MIT KRÄUTERSAUCE

Infoblock

◆ **Für den heißen Stein**
◆ **Arbeitszeit: ca. 25 Minuten**
◆ **Garzeit: ca. 8 Minuten**
◆ **4 Portionen**
◆ **ca. 740 kcal je Portion**

Zutaten

Für den Fisch

500 g Wallerfilet ohne Haut
etwas Salz
Saft von ½ Zitrone
50 g zerlassene Butter

Für die Sauce

1 Kästchen Gartenkresse
½ Bund Blattpetersilie
**100 g Mayonnaise (Fertig-
produkt)**
50 g Crème fraîche
etwas Salz
**frisch gemahlener weißer
Pfeffer**
1 TL Worcestershiresauce
1 EL Weißweinessig

Außerdem

**1 EL Pflanzenöl für den
Stein**
etwas Salz für den Stein
1 langes Baguettebrot

1 Vom Wallerfilet, wenn nötig, restliche Gräten entfernen, den Fisch unter fließendem, kaltem Wasser abwaschen, mit Küchenpapier trockentupfen und in etwa 3 x 5 cm große Stücke schneiden. Diese leicht salzen und mit Zitronensaft beträufeln. Die Fischstücke auf einen Teller legen und mit Klarsichtfolie abdecken.

2 Die Kresse vom Wurzelgeflecht abschneiden. Die Petersilienblätter von den Stengeln zupfen. Alle Kräuter in ein Sieb geben, kalt abbrausen und gut trockenschwenken. Das Ganze fein wiegen.

3 Dann die Kräuter und die Crème fraîche unter die Mayonnaise rühren. Diese mit Salz, Pfeffer, Worcestershiresauce sowie mit Essig würzig abschmecken. Die Kresse-Petersilien-Sauce in eine Sauciere füllen und mit Klarsichtfolie abdecken.

4 Die Wallerstücke mit Küchenpapier abtupfen und mit der Butter von allen Seiten bepinseln, auf eine Platte legen und bereitstellen.

5 Den Stein erhitzen, mit Pflanzenöl bepinseln und mit etwas Salz bestreuen. Die Wallerstücke darauf legen, auf jeder Seite einige Minuten braten, mit Kresse-Petersilien-Sauce und Baguettebrot servieren.

BEILAGENTIPS

◆ Zusätzlich zum Brot sollten Sie einige kleine Pellkartoffeln, Kaviarspaghetti (Seite 222) oder ½ Rezept Kartoffel-Kräuter-Burger (Seite 208) bzw. Reispflänzchen mit Brokkoli (Seite 210) servieren.

◆ Als frische, knackige Komponente empfehlen wir einen bunten Blattsalat (z. B. Feldsalat, Lollo Rosso oder Radicchio) mit Essig-Öl-Marinade.

◆ Braten Sie zum Fisch Zucchini- und Tomatenscheiben auf dem heißen Stein. Dazu 2 kleine, feste Zucchini und 2 Fleischtomaten putzen, dann waschen, trockenreiben und in Scheiben schneiden. Die Zucchinischeiben sollten möglichst dünn, die Tomatenscheiben dicker sein. Das Gemüse mit etwas Olivenöl bepinseln, auf dem Stein von beiden Seiten braten, salzen und pfeffern.

REZEPTVARIATIONEN

◆ Die Gartenkresse ist gegen Kräuter der Saison, wie z. B. Kerbel, Basilikum, Zitronenmelisse, Schnittlauch oder Majoran, beliebig austauschbar. Wählen Sie nach Ihren Vorlieben und dem jeweiligen Angebot.

◆ Anstelle der Crème fraîche können Sie auch Naturjoghurt oder saure Sahne verwenden. Wenn Sie dann auch noch eine leichte Mayonnaise wählen, sparen Sie einige Kalorien.

EDLES MIT FISCH & CO.

GETRÄNKETIPS

Wählen Sie einen gut gekühlten Weiß- oder Roséwein oder einen leichten, fruchtigen Rotwein. Wie wäre es mal mit einem Chablis, einem Côtes de Provence oder einem jungen, belebenden Beaujolais Primeur?

ROTBARSCHSTREIFEN IN SENFBUTTER

Infoblock

- Für das Raclettegerät
- Arbeitszeit: ca. 30 Minuten
- Zeit zum Durchziehen: ca. 30 Minuten
- Garzeit: ca. 30 Minuten
- 4 Portionen
- ca. 580 kcal je Portion

Zutaten

Für den Fisch

500 g Rotbarschfilets ohne Haut, etwas Salz
frisch gemahlener weißer Pfeffer
1 Msp. rosenscharfes Paprikapulver
Saft von ½ Zitrone
1 mittelgroße Zwiebel
gut 80 g Butter
1 EL mittelscharfer Senf

Für die Kartoffeln

800 g kleine, festkochende Kartoffeln, etwas Salz
ca. 80 g Kräuterbutter (Fertigprodukt)

GETRÄNKETIPS

Trinken Sie zu den Fischpfännchen einen gekühlten Prosecco (beliebter Schaumwein aus Italien) oder einen halbtrockenen Roséwein.

1 Die Fischfilets unter fließendem, kaltem Wasser abwaschen, mit Küchenpapier trockentupfen, quer in etwa 1 cm dicke Streifen schneiden und in eine Schüssel legen. Nun das Ganze mit Salz, Pfeffer, Paprikapulver sowie dem Zitronensaft würzen, mit Klarsichtfolie abdecken und etwa 30 Minuten durchziehen lassen.

2 Die Kartoffeln waschen, in der Schale in reichlich Salzwasser in etwa 20 Minuten garen, abgießen, in eine Schüssel füllen, mit einer Stoffserviette abdecken, warm stellen.

3 Die Zwiebel schälen und ganz fein würfeln. Die Butter in einem Topf zergehen lassen. Mit einem Schneebesen die Zwiebelwürfel und den Senf darunterschlagen. Den Topf vom Herd nehmen.

4 Die Rotbarschstreifen leicht abtupfen und zusammen mit der Senf-Zwiebel-Butter mischen. Das Ganze nachwürzen, in Servierschüsseln füllen und bereitstellen.

5 Das Raclettegerät vorheizen. Jeweils etwas von der Fischmasse in die Pfännchen geben und das Ganze unter die Grillvorrichtung schieben. Die Rotbarschstreifen in etwa 10 Minuten garen. Kräuterbutter und Kartoffeln dazu reichen.

BEILAGENTIPS

◆ Reichen Sie anstelle der Pellkartoffeln mit Kräuterbutter eine Kartoffel-Oliven-Creme (Seite 224) zu den Fischstreifen. Falls Sie ein Kombigerät besitzen, können Sie die Pellkartoffeln auch gegen die Kartoffelspieße (Seite 200) eintauschen.

◆ Reichen Sie zu den würzigen Fischstreifen einen Tomatensalat in Essig-Öl-Marinade.

REZEPTVARIATIONEN

◆ Käsefreunde sollten unter die Senf-Zwiebel-Butter ihren Lieblingskäse mischen und so einen leckeren Fisch-Käse-Gratin zubereiten. Dazu etwa 100 g Käse reiben oder ganz fein würfeln und unter die abgekühlte Senfmischung rühren.

◆ Wenn Sie mögen, verfeinern Sie die Senf-Zwiebel-Mischung mit frisch gehacktem Dill.

EDLES MIT FISCH & CO.

ÜBERBACKENE LACHSSCHEIBEN

Infoblock

- Für das Raclettegerät
- Arbeitszeit: ca. 40 Minuten
- Zeit zum Durchziehen: ca. 20 Minuten
- Garzeit: ca. 32 Minuten
- 4 Portionen
- ca. 720 kcal je Portion

Zutaten

Für den Fisch

500 g Lachsfilet in dünnen Scheiben
etwas Salz
grob zerstoßener schwarzer Pfeffer
2 EL Wermut
100 g Butter
4 frische Eigelb
5 EL Weißwein
Saft von ½ Zitrone
etwas Worcestershiresauce

Für die Kartoffeln

800 g festkochende Kartoffeln
etwas Salz
2 EL Butter
2 EL gehackte Blattpetersilie

---

1 Die Lachsscheiben kalt abspülen, mit Küchenpapier trockentupfen, mit Salz und Pfeffer würzen, mit dem Wermut beträufeln, auf einen Teller legen, mit Klarsichtfolie abdecken und etwa 20 Minuten durchziehen lassen.

2 Inzwischen die Kartoffeln schälen, waschen, als Salzkartoffeln garen, abgießen, in der Butter schwenken, mit der Blattpetersilie bestreuen und warm stellen.

3 Während die Kartoffeln kochen, die Butter in einen Topf geben, zerlassen und etwas abkühlen lassen. Die Eigelbe und den Weißwein in einer Metallschüssel verschlagen. Die Schüssel auf ein heißes Wasserbad setzen und die Ei-Wein-Mischung mit einem Schneebesen etwa 5 Minuten lang kräftig aufschlagen.

4 Die Schüssel vom Wasserbad nehmen und etwa 8 Eßlöffel der flüssigen Butter nach und nach unter die Eicreme schlagen. Das Ganze mit Zitronensaft, Worcestershiresauce, Salz und Pfeffer abschmecken und anschließend bereitstellen.

5 Das Raclettegerät vorheizen. Die Pfännchen mit der restlichen Butter auspinseln. Je 1 Lachsscheibe hineinlegen, mit etwas Sauce begießen und die Pfännchen unter die Grillvorrichtung schieben. Den Lachs in etwa 12 Minuten goldgelb überbacken und zusammen mit den Petersilienkartoffeln servieren.

BEILAGENTIPS

◆ Anstelle der Petersilienkartoffeln können Sie auch Kaviarspaghetti (Seite 222), selbst gebackene Partybrötchen (Seite 226) oder einfach reichlich knuspriges Stangenweißbrot mit Kräuterbutter zum feinen Lachs reichen.

◆ Kombinieren Sie den überbackenen Fisch mit ½ Rezept gratiniertem Gemüse Ihrer Wahl (Seite 188 bis 196), mit ½ Rezept Tomaten-Papaya-Pfännchen (Seite 193) oder mit 1 Rezept Tomaten mit Mozzarella (Seite 229).

◆ Als frische Komponente empfehlen wir Ihnen einen Blattsalat (z. B. Feld- oder Rucolasalat, jungen Spinat oder Kopfsalat) mit Essig-Öl-Marinade.

GETRÄNKETIPS

Gut gekühlte, trockene Weißweine, wie z. B. ein Pinot Grigio aus Italien oder ein Chardonnay aus Frankreich, passen hervorragend zum feinen Lachspfännchen.

EDLES MIT FISCH & CO.

REZEPTVARIATIONEN

◆ Wenn Sie den Fisch pur genießen wollen, dann geht es auch ohne die Ei-Butter-Sauce. Dazu hauchdünn geschnittenes Lachsfilet salzen, pfeffern und mit etwas Zitronensaft beträufeln. Wenige Scheibchen in gut ausgebutterte Pfännchen geben, unter der Grillvorrichtung braten und dann mit frisch gehacktem Dill bestreuen.

◆ Erweitern Sie die Lachspfännchen um einige Artischockenherzen aus der Dose. Diese gut abtropfen lassen, vierteln und zusammen mit dem Fisch in die Pfännchen geben.

GRATINIERTE SCHOLLENFILETS MIT GARNELEN

Infoblock

- Für das Kombigerät
- Arbeitszeit: ca. 15 Minuten
- Garzeit: ca. 13 Minuten
- 4 Portionen
- ca. 380 kcal je Portion

Zutaten

Für den Fisch

400 g Schollenfilets ohne Haut
etwas Salz
Saft von ½ Zitrone
frisch gemahlener bunter Pfeffer

Für die Garnelen

150 g geschälte Garnelen
150 g süße Sahne
1 frisches Eigelb
1 TL frisch gehackter Dill, ersatzweise ½ TL getrocknete Dillspitzen
50 g geriebener Käse (z. B. Gouda, Edamer, Parmesan oder Pecorino)

Außerdem

2 EL Pflanzenöl für den Stein
etwas Salz für den Stein
2 EL weiche Butter für die Pfännchen

---

1 Die Schollenfilets kalt abspülen, mit Küchenpapier trockentupfen und in kleine Schnitzel, die später in die Raclettepfännchen passen sollen, schneiden. Den Fisch leicht salzen, mit Zitronensaft beträufeln und pfeffern, auf eine Servierplatte legen und bereitstellen.

2 Die Garnelen in ein Sieb geben, kalt abbrausen, gut abtropfen lassen und grob hacken. Nun die Sahne zusammen mit dem Eigelb, dem Dill und dem Käse verrühren, über das Garnelenfleisch gießen, alles vermengen und bereitstellen.

3 Das Kombigerät erhitzen, den heißen Stein mit dem Pflanzenöl bepinseln und mit etwas Salz bestreuen. Die Schollenfiletstückchen darauf legen und von jeder Seite 2 bis 3 Minuten braten.

4 Inzwischen die Raclettepfännchen mit Butter ausstreichen. Dann die gebratenen Fischstücke hineinsetzen und mit etwas Garnelenmischung übergießen. Die Pfännchen unter die Grillvorrichtung schieben und die Schollenfilets goldgelb gratinieren lassen.

BEILAGENTIPS

- Als Stärkebeilage empfehlen wir Pellkartoffeln mit Kräuterbutter (Fertigprodukt), ein Champignon- oder Gemüserisotto (Seite 220) oder aber Kaviarspaghetti (Seite 222).
- Reichen Sie unbedingt einen Gurkensalat in einer einfachen Saure-Sahne-Sauce mit reichlich frischen Dillspitzen zum Schollenfilet.
- Wenn Sie zum Fisch etwas Gemüse wünschen, bereiten Sie ½ Rezept gratiniertes Gemüse vor. Rezepte finden Sie im vegetarischen Kapitel (Seite 188 und 194). Oder wählen Sie mal ½ Rezept Tomaten-Papaya-Pfännchen (Seite 198).

REZEPTVARIATIONEN

- Die Schollenfilets sind gegen Seezungen-, Lachs-, Seehecht-, Rotbarsch-, Seewolf-, Hechtfilets etc. beliebig austauschbar.
- Statt Garnelen können Sie die gleiche Menge gekochtes Muschel- oder Tintenfischfleisch verwenden.

EDLES MIT FISCH & CO.

PRAKTISCHER TIP

Sollte die Fisch-Garnelen-Pfanne unter dem Grill mal zu trocken werden, gießen Sie einfach 1 Schuß Weißwein an.

GETRÄNKETIPS

Es heißt, daß zu Fisch Weißwein serviert werden soll. Sie können aber ebenso einen Roséwein wählen.

FISCHBURGER

Infoblock

- ◆ Für den heißen Stein
- ◆ Arbeitszeit: ca. 30 Minuten
- ◆ Garzeit: ca. 10 Minuten
- ◆ 4 Portionen
- ◆ ca. 480 kcal je Portion

Zutaten

400 g Fischfilets ohne Haut (z. B. Waller, Zander, Kabeljau oder Hecht)
Saft von ½ Zitrone
etwas Salz
½ TL edelsüßes Paprikapulver
frisch gemahlener weißer Pfeffer
4 Scheiben Weißbrot
2 mittelgroße Zwiebeln
50 g flüssige Butter
1 frisches Ei
etwas Paniermehl
1 EL Pflanzenöl für den Stein
4 Hamburgerbrötchen
4 Blätter Kopfsalat
1 unbehandelte, geviertelte Zitrone

GETRÄNKETIPS

Servieren Sie zu den Fischburgern Limonade, Colagetränke, Mineralwasser und Pils.

1 Den Fisch unter fließendem, kaltem Wasser abwaschen, dann mit Küchenpapier trockentupfen, in grobe Stücke schneiden und in eine Schüssel legen. Das Ganze mit Zitronensaft, Salz, Paprikapulver und Pfeffer würzen.

2 Das Weißbrot entrinden, in gleichmäßige, kleine Stücke schneiden und in etwas lauwarmem Wasser einweichen.

3 Die Zwiebeln schälen, eine davon in feine Ringe schneiden und die zweite kleinwürfeln. In einer Pfanne etwa 1 Eßlöffel Butter erhitzen, die Zwiebel hineingeben, glasig schwitzen.

4 Das Weißbrot gut ausdrücken und zusammen mit den Fischstücken im Mixaufsatz der Küchenmaschine nicht zu fein pürieren. Das Ei, die Zwiebelwürfel und nach Bedarf etwas Paniermehl hinzufügen. Das Ganze vermengen und nochmals kräftig abschmecken.

5 Die Hände etwas anfeuchten, aus der Fischfarce flache Burger formen, diese von beiden Seiten mit der restlichen Butter bepinseln und auf eine Platte setzen. Die Brötchen aufschneiden und auf dem Brötchenaufsatz des Toasters toasten. Alle Zutaten bereitstellen.

6 Den Stein erhitzen, mit Pflanzenöl bepinseln und mit etwas Salz bestreuen. Die Fischburger und die Zwiebelringe darauf legen und etwa 8 Minuten von beiden Seiten braten. Je ein Salatblatt auf die untere Brötchenhälfte geben, 1 Fischfrikadelle darauf setzen, Zwiebelringe darübergeben und das Brötchen zusammensetzen. Zitronenviertel dazu reichen.

BEILAGENTIPS

◆ Servieren Sie zu den Fischburgern einen gemischten Blattsalat oder einen Tomatensalat mit einer einfachen Essig-Öl-Marinade.

◆ Je nach Geschmack können die Fischfrikadellen mit mittelscharfem Senf, Ketchup oder Remoulade bestrichen werden.

◆ Sollten Sie ein Kombigerät besitzen, empfehlen wir Ihnen zusätzlich Käsezucchini (Seite 230) oder Tomaten mit Mozzarella (Seite 229).

PRAKTISCHER TIP

◆ Die Fischburger können auch mit einer Scheibe Käse Ihrer Wahl überbacken werden. Allerdings ist ein Kombigerät die Voraussetzung. Die Frikadellen auf dem Stein braten, in ausgebutterte Pfännchen setzen, mit Käse belegen und goldgelb überbacken.

EDLES MIT FISCH & CO.

GRATINIERTE AUBERGINEN

Infoblock

◆ **Für das Kombigerät**
◆ **Arbeitszeit: ca. 25 Minuten**
◆ **Garzeit: ca. 15 Minuten**
◆ **4 Portionen**
◆ **ca. 470 kcal je Portion**

Zutaten

Für die Creme

300 g Vollmilchjoghurt
1 EL milder Essig
1 EL Olivenöl
etwas Salz
frisch gemahlener
schwarzer Pfeffer
1 Salatgurke
3–5 Knoblauchzehen

Für die Auberginen

2 große Auberginen
etwas Salz
1 EL frisch gehackter
Thymian, ersatzweise
1 TL getrockneter Thymian
frisch gemahlener
schwarzer Pfeffer
⅛ l Olivenöl
5 Knoblauchzehen
100 g geschmeidigen Ricotta
(italienischer Frischkäse)
1 EL Paniermehl

1 Den Vollmilchjoghurt zusammen mit dem Essig und dem Olivenöl verrühren. Das Ganze mit etwas Salz und frisch gemahlenem Pfeffer abschmecken.

2 Die Salatgurke schälen, der Länge nach halbieren und die Kerne mit einem Teelöffel herauskratzen. Die Gurkenhälften kleinwürfeln oder auf einer Küchenreibe fein raspeln.

3 Die zerkleinerte Gurke unter die Joghurtcreme heben. Den Knoblauch schälen, durch eine Knoblauchpresse zur Joghurt-Gurken-Creme drücken und darunterrühren. Das Ganze nochmals abschmecken, in ein Servierschüsselchen füllen und dann bereitstellen.

4 Dann die Auberginen waschen, trockenreiben und beide Enden abschneiden. Beide Früchte der Länge nach halbieren und quer in dünne Scheiben schneiden.

5 Die Auberginenscheiben mit Salz, Thymian und Pfeffer von beiden Seiten würzen, in eine Schüssel legen, mit der Hälfte des Olivenöls vermengen und bereitstellen.

6 Die Knoblauchzehen schälen und durch eine Knoblauchpresse in das restliche Olivenöl drücken. Das

Olivenöl zusammen mit dem Ricotta und dem Paniermehl gut verrühren. Es soll eine glatte Masse entstehen.

7 Den heißen Stein erhitzen und mit etwas Salz bestreuen. Die Auberginenscheiben darauf legen und von beiden Seiten hellbraun braten.

8 Die gebratenen Auberginenscheiben in Raclettepfännchen verteilen und etwas von der Ricotta-Olivenöl-Mischung darauf geben. Die Pfännchen unter die Raclettevorrichtung schieben und die Auberginen goldgelb gratinieren lassen. Die Joghurtcreme dazu reichen.

BEILAGENTIPS

◆ **Reichen Sie zu den Auberginen Fladenbrot und Sesamkringel mit Knoblauchbutter.**

◆ **Als Salatbeilage bieten sich Blattsalate mit einer Essig-Öl-Marinade oder mit einem einfachen Joghurtdressing sowie ein Weißkrautsalat an.**

◆ **Als Stärkebeilage empfehlen wir Pellkartoffeln. Oder probieren Sie doch mal eine Oliven-Kartoffel-Creme (Seite 224).**

◆ **Zusätzlich können Sie reichlich grüne und schwarze Oliven, die in unterschiedliche Kräutermarinaden eingelegt sind, sowie etwas Schafskäse anbieten.**

PFIFFIGES MIT GEMÜSE & CO.

PRAKTISCHER TIP

Sollten Sie kein Kombigerät besitzen, dann können Sie die Auberginen in einem Raclettegerät folgendermaßen zubereiten. Die Auberginenscheiben vorab in einer Pfanne mit heißem Olivenöl von jeder Seite kurz anbraten, in eine Schüssel geben und bereitstellen. Die Scheiben später wie angegeben gratinieren.

GETRÄNKETIPS

Probieren Sie zu den Auberginen auf griechische Art mal einen Retsina aus Griechenland. Danach empfehlen wir einen Ouzo.

ÜBERBACKENE KÄSECHAMPIGNONS

Infoblock

◆ Für das Raclettegerät
◆ Arbeitszeit: ca. 20 Minuten
◆ Garzeit: ca. 7 Minuten
◆ 4 Portionen
◆ ca. 340 kcal je Portion

Zutaten

1 mittelgroße Zwiebel
¾ Bund Blattpetersilie
70 g flüssige Butter
750 g frische Champignons
8 EL Weißwein
etwas Salz
frisch gemahlener weißer Pfeffer
3 EL Crème fraîche
100 g geriebener Emmentaler oder geriebener Edamer

1 Die Zwiebel schälen, halbieren und kleinwürfeln. Die Petersilie waschen, gut trockenschütteln, die Blättchen von den Stengeln zupfen und fein hacken. Die frischen Champignons putzen, mit einem feuchten Geschirrtuch abreiben und in feine Scheiben schneiden.

2 In einer Pfanne etwa 4 Eßlöffel Butter erhitzen. Die Zwiebelwürfel sowie die Champignonscheiben hineingeben und so lange dünsten, bis der austretende Pilzsaft völlig verdampft ist.

3 Das Ganze mit dem Weißwein aufgießen, salzen und pfeffern. Die Pfanne vom Herd nehmen. Die Champignon-Zwiebel-Mischung mit der Petersilie, der Crème fraîche und dem geriebenen Käse vermengen. Das Ganze in eine oder zwei Servierschüsseln geben und zusammen mit der restlichen Butter bereitstellen.

4 Das Raclettegerät vorheizen. Die Raclettepfännchen mit etwas Butter ausstreichen und jeweils etwas Champignonmasse darin verteilen. Obenauf etwas Butter träufeln. Die Pfännchen in die Raclettevorrichtung schieben und die Käsechampignons goldbraun überbacken.

BEILAGENTIPS

◆ Reichen Sie zu den überbackenen Pilzen eine gemischte Schinkenplatte und diverse Brotsorten. Wie wäre es mit selbst gebackenen Partybrötchen (Seite 226)?

◆ Für die frische Komponente empfehlen wir einen Feld- oder einen Tomatensalat in einfacher Essig-Öl-Marinade mit reichlich fein gehackter Zwiebel. Oder reichen Sie einen bunten Hähnchenbrustsalat (Seite 216) dazu.

◆ Wenn Sie ein Kombigerät besitzen, können Sie zu den Käsechampignons Kartoffelspieße mit Lauchgemüse zubereiten (Seite 200). Halbieren Sie die Zutatenmengen einfach.

REZEPTVARIATIONEN

◆ Anstelle der Champignons können andere frische Pilze, wie z. B. Austern- oder Steinpilze oder Pfifferlinge, Verwendung finden. Es sind natürlich auch Mischungen möglich.

◆ Probieren Sie die Pilzpfännchen einmal mit einem frisch geriebenen, kräftigen Parmesankäse.

GETRÄNKETIP

Zur feinen Pilzpfanne mit Käse trinken Sie am besten einen gut gekühlten Roséwein. Wenn Sie mögen, „spritzen" Sie ihn mit Mineralwasser.

PFIFFIGES MIT GEMÜSE & CO.

GRATINIERTE GEMÜSESTREIFEN

Infoblock
- Für das Raclettegerät
- Arbeitszeit: ca. 20 Minuten
- Garzeit: ca. 10 Minuten
- 4 Portionen
- ca. 490 kcal je Portion

Zutaten
1 mittelgroße Stange Lauch
3–4 große Möhren
200 g Knollensellerie
50 g gehackte Haselnüsse
½ Zitrone
200 g süße Sahne
etwas Salz
frisch gemahlener schwarzer Pfeffer
150 g Blauschimmelkäse (z. B. Bavaria Blue oder Roquefort)
etwas weiche Butter für die Pfännchen

1 Den Lauch putzen, der Länge nach halbieren, dann gründlich waschen und gut abtropfen lassen. Die Stangenhälften quer in schräge, ganz schmale Streifen schneiden und bereitstellen.

2 Die Möhren putzen, schälen, waschen, trockenreiben und der Länge nach in ganz dünne Scheiben schneiden. Dazu eventuell einen scharfen Sparschäler benutzen. Die Möhrenscheiben quer in hauchdünne Streifen schneiden.

3 Den Knollensellerie schälen, waschen, dann in ganz dünne Scheiben schneiden. Die Scheiben halbieren und passend zu den Möhren ebenfalls in hauchdünne Streifen schneiden.

4 Das geschnittene Gemüse mit den Haselnüssen vermengen. Die Zitronenhälfte auspressen und den Saft zusammen mit der Sahne über die Gemüse-Nuß-Mischung gießen. Das Ganze nochmals mischen.

5 Die Gemüsemischung mit Salz und Pfeffer würzen. Den Blauschimmelkäse mit einer Gabel möglichst fein zerbröseln und unter das angemachte Gemüse mischen. Das Ganze in eine Servierschüssel füllen und bereitstellen.

6 Das Raclettegerät vorheizen. Die Pfännchen mit etwas Butter ausstreichen und etwas von der Gemüse-Käse-Mischung hineinfüllen. Nun die Pfännchen unter die Raclettevorrichtung schieben und das Gemüse 6 bis 8 Minuten gratinieren lassen.

BEILAGENTIPS

- Zu den Gemüsestreifen empfehlen wir Käseherzen (Seite 231), gratiniertes Sprossenallerlei (Seite 228), überbackene Grünkernküchlein (Seite 212) oder Paprikapfännchen mit Gorgonzola (Seite 196). Wenn Sie mehrere Beilagen anbieten, sollten Sie die Zutatenmengen reduzieren.
- **Probieren Sie als Stärkebeilage ein Champignon- oder ein Gemüserisotto (Seite 220). Oder wie wäre es mit Partybrötchen, die mit Käse oder Gemüse gefüllt sind (Seite 226, unter Rezeptvariationen)?**

GETRÄNKETIPS

Zu den Gemüsepfännchen paßt eine Weinschorle. Dazu Mineralwasser und Weißwein im Verhältnis 1:1 mischen. Vorweg empfehlen wir einen Gemüsecocktail. Pro Glas 3 Eiswürfel, 1 Teil Karottensaft, 1 Teil Apfelsaft und 1 Teil Orangensaft verrühren. Den Drink mit frischen Melisseblättern garnieren.

PFIFFIGES MIT GEMÜSE & CO.

REZEPTVARIATIONEN

◆ Die angegebenen Gemüsesorten können natürlich mit entsprechendem Gemüse der Saison, wie z. B. Frühlingszwiebeln, Petersilienwurzeln, Zucchini, Paprikaschoten oder Zuckerschoten, variiert werden. Das Gemüse je nach Sorte entsprechend vorbereiten und sehr fein schneiden. Es ist sehr wichtig, daß Sie das Gemüse ganz fein schneiden, damit es unter dem Raclettegrill gut durchgart.

◆ Statt der Haselnüsse nach Belieben gehackte Mandeln, Walnüsse oder ungesalzene Erdnüsse verwenden.

GRATINIERTES MAIS-TOMATEN-GEMÜSE

Infoblock

- Für das Raclettegerät
- Arbeitszeit: ca. 30 Minuten
- Garzeit: ca. 12 Minuten
- 4 Portionen
- ca. 490 kcal je Portion

Zutaten

300 g Kirschtomaten
1 Bund Frühlingszwiebeln
300 g TK-Maiskörner
etwas Salz
150 g Roquefort
(Blauschimmelkäse aus Frankreich)
2 EL Pflanzenöl
125 g süße Sahne
frisch gemahlener weißer Pfeffer
1 TL Zitronensaft
50 g weiche Butter

GETRÄNKETIP

Ein fruchtiger, gut gekühlter Roséwein paßt zu diesem leichten Mais-Tomaten-Gemüse am besten.

1 Die Kirschtomaten waschen, trockenreiben, vorsichtig von den Stielansätzen befreien und halbieren. Die Frühlingszwiebeln erst putzen, dann waschen, trockentupfen und in hauchdünne Ringe schneiden.

2 Die Maiskörner in kochendem Salzwasser etwa 2 Minuten blanchieren, durch ein Sieb abgießen und gut abtropfen lassen. In einer Schüssel Tomatenhälften, Frühlingszwiebelringe und Maiskörner vermengen.

3 Den Roquefort in einer Schüssel mit einer Gabel fein zerbröckeln. Mit einem Pürierstab oder mit einem Stabmixer das Pflanzenöl und die Sahne daruntermixen. Die Käsesauce mit Salz, Pfeffer sowie Zitronensaft abschmecken. Dabei vorsichtig sein, da der Käse bereits sehr würzig ist.

4 Die Gemüsemischung mit der Käsesauce vermengen, in Servierschüsselchen füllen und zusammen mit der Butter bereitstellen.

5 Das Raclettegerät vorheizen. Die Pfännchen mit Butter ausstreichen und jeweils mit etwas Gemüse-Käse-Mischung füllen. Das Ganze mit etwas Butter bestreichen und goldgelb überbacken.

BEILAGENTIPS

◆ Reichen Sie zu den Gemüse-Käse-Pfännchen eine gemischte Räucherschinkenplatte, Kräuterbutter (Fertigprodukt) und frisches Baguette oder eine kräftige Roggenstange. Selbst gebackene Partybrötchen (Seite 226) bieten sich auch an.

◆ Als Salatbeilage empfehlen wir einen bunten Hähnchenbrustsalat (Seite 216), verschiedene Blattsalate oder einen knackigen Paprikasalat mit einer einfachen Essig-Öl-Marinade.

◆ Wenn Sie eine Gemüsebeilage bevorzugen, probieren Sie die Käsezucchini (Seite 230) oder gratiniertes Sprossenallerlei (Seite 228) oder Tomaten mit Mozzarella (Seite 229).

◆ Als Stärkebeilage bieten sich Reispflänzchen mit Brokkoli (Seite 210), überbackene Grünkernküchlein (Seite 212) oder die Kartoffel-Kräuter-Burger (Seite 208) an.

PFIFFIGES MIT GEMÜSE & CO.

REZEPTVARIATION

Sie können die Gemüsemischung mit Gemüsen der Saison erweitern oder variieren. Falls Sie mehr Gemüse verwenden, sollten Sie auch etwas mehr Käsesauce vorbereiten. Mögliche Gemüsesorten sind Möhren, Zucchini, Paprikaschoten oder Kohlrabi. Es ist wichtig, daß alles in ganz feine Streifen bzw. Stifte geschnitten wird, damit es später gut durchgart. Feste Gemüsesorten sollten Sie zuvor in kochendem Wasser 1 bis 2 Minuten blanchieren.

PAPRIKA MIT GORGONZOLA

Infoblock

- Für das Raclettegerät
- Arbeitszeit: ca. 15 Minuten
- Garzeit: ca. 20 Minuten
- 4 Portionen
- ca. 280 kcal je Portion

Zutaten

100 g Langkornreis
etwas Salz
je 1 große gelbe, rote und grüne Paprikaschote
2 EL ungesalzene, gehackte Pistazienkerne
frisch gemahlener weißer Pfeffer
150 g Gorgonzola (italienischer Blauschimmelkäse)

GETRÄNKETIP

Trinken Sie zu den Paprikapfännchen einen italienischen Chianti.

1 Den Langkornreis in ein Sieb geben, kalt abbrausen, abtropfen lassen und in reichlich Salzwasser in etwa 15 Minuten gar kochen. Er sollte nicht zu weich sein. Ihn anschließend abgießen, kalt abschrecken und sehr gut abtropfen lassen.

2 Während der Reis kocht, die Paprikaschoten putzen, der Länge nach vierteln, entkernen, waschen, mit einem Geschirrtuch gut trockenreiben. Die Paprikaviertel quer in hauchdünne Streifen schneiden.

3 Die Paprikastreifen zusammen mit Pistazienkernen und dem gekochten Reis in einer Schüssel vermengen. Das Ganze leicht salzen und pfeffern.

4 Den Gorgonzola mit einer Gabel möglichst fein zerbröckeln und dann unter die Paprikastreifen-Reis-Mischung heben. Die Mischung in Servierschüsselchen verteilen und zusammen mit der flüssigen Butter bereitstellen.

5 Das Raclettegerät vorheizen. Die Raclettepfännchen mit etwas Butter ausstreichen und mit etwas pikanter Gemüsemischung füllen. Dann etwas Butter darüberträufeln und die Pfännchen unter die Grillvorrichtung schieben. Das Ganze goldgelb überbacken.

BEILAGENTIPS

◆ Reichen Sie zu den Paprikapfännchen knuspriges Fladenbrot, Sesamkringel und Grissinis. Oder backen Sie selbst Partybrötchen (Seite 226).

◆ Als frische Komponente empfehlen wir den bunten Hähnchenbrustsalat (Seite 216) oder einen Blattsalat.

◆ Als Stärkebeilage empfehlen wir Pellkartoffeln mit Kräuterbutter.

REZEPTVARIATIONEN

◆ Wenn Sie keinen Blauschimmelkäse mögen, können Sie kleingewürfelten Gouda, Emmentaler, Edamer oder Raclettekäse verwenden.

◆ Verfeinern Sie die Paprikamischung mit etwa 2 Eßlöffeln frisch gehackten Kräutern.

◆ Sollten Sie ein Kombigerät besitzen, schlagen wir folgende Variation vor. Dafür jeweils einige hauchdünn geschnittene Paprikastreifen zu Bündeln zusammenfassen, mit je 1 Speckstreifen umwickeln, mit einem Hölzchen (z. B. Zahnstocher) feststecken und das Ganze von allen Seiten auf dem heißen, mit etwas Olivenöl bepinselten Stein braten. Dann je 1 Paprikabündel in ein Pfännchen setzen, mit 1 Scheibe Käse Ihrer Wahl belegen und unter der Grillvorrichtung goldgelb überbacken.

PFIFFIGES MIT GEMÜSE & CO.

TOMATEN-PAPAYA-PFÄNNCHEN

Infoblock

- ◆ Für das Raclettegerät
- ◆ Arbeitszeit: ca. 25 Minuten
- ◆ Garzeit: ca. 10 Minuten
- ◆ 4 Portionen
- ◆ ca. 380 kcal je Portion

Zutaten

4 mittelgroße Fleischtomaten
2 mittelgroße, reife Papaya
80 g weiche Butter
150 g geriebener Käse
(z. B. Gouda, Emmentaler oder Edamer)
etwas Salz
etwas gemahlene Muskatblüte
1 Prise Cayennepfeffer

GETRÄNKETIPS

Zu diesem exotischen Raclettevergnügen empfehlen wir fruchtige, wein- oder sekthaltige Getränke (Fruchtschaumweinmischungen).

1 Die Fleischtomaten waschen, von den Stielansätzen befreien, kreuzweise einritzen, in kochendem Wasser kurz überbrühen, abschrecken und enthäuten. Die Tomaten vierteln, entkernen und das Fruchtfleisch kleinwürfeln.

2 Die Papayas mit einem Sparschäler dünn schälen, der Länge nach halbieren und die Kerne mit einem Teelöffel herauskratzen. Die Fruchthälften quer halbieren und die Viertel in längliche Spalten schneiden. Diese in eine Servierschüssel geben und bereitstellen.

3 Etwa drei Viertel der Butter zusammen mit dem Käse und den Tomatenwürfeln verrühren. Das Ganze mit Salz, Muskatblütenpulver und Cayennepfeffer würzen. Die Tomaten-Käse-Mischung in eine Servierschüssel geben und bereitstellen.

4 Das Raclettegerät vorheizen. Die Raclettepfännchen mit der restlichen Butter ausstreichen und jeweils einige Papayastreifen hineingeben. Etwas Tomaten-Käse-Mischung darüberlöffeln.

5 Die Pfännchen unter die Grillvorrichtung schieben und das Ganze in 8 bis 10 Minuten goldgelb überbacken.

BEILAGENTIPS

◆ Reichen Sie zu den fruchtigen Pfännchen Fladenbrot, Sesamkringel oder Stangenweißbrot. Oder was halten Sie von Käseherzen (Seite 231) bzw. selbst gebackenen Partybrötchen (Seite 226)?

◆ Als besonderen Leckerbissen schlagen wir Pizzabrot vor. Dazu 2 fertige, runde Pizzaböden aus der Kühltheke ausrollen, mit je 2 Eßlöffel Olivenöl und etwa 4 Eßlöffeln Tomatenmark bestreichen, leicht salzen und pfeffern und nach Belieben mit Kräutern der Provence bestreuen. Die Pizzabrote auf ein mit Backpapier belegtes Backblech setzen und entsprechend der Packungsanleitung im vorgeheizten Backofen knusprig backen. Die Brote in 8 Stücke schneiden und noch warm servieren.

◆ Als Salatbeilage empfehlen wir einen gemischten Blattsalat (z. B. Lollo Rosso, Radicchio und Feldsalat) mit einer einfachen Essig-Öl-Marinade oder mit einem Joghurtdressing. Soll der Salat sättigend sein, wählen Sie einen Ananassalat mit Zwiebeln (Seite 214) oder einen bunten Hähnchenbrustsalat (Seite 216).

◆ Als Stärkebeilage können Sie mal einen creolischen Reis (Seite 218) und mal Kaviarspaghetti (Seite 222) dazu reichen.

PFIFFIGES MIT GEMÜSE & CO.

REZEPTVARIATIONEN

◆ Die Papayafrüchte in diesem Rezept können Sie gegen 2 reife, süße Mangofrüchte austauschen. Die Mangos schälen, das Fruchtfleisch mit einem großen, scharfen Messer vom Kern abschneiden, quer halbieren und in Spalten schneiden.

◆ Verfeinern Sie die Tomaten-Käse-Mischung mit 1 Eßlöffel gehacktem Koriandergrün oder Basilikum.

KARTOFFELSPIESSE MIT LAUCH

Infoblock

◆ Für den heißen Stein
◆ Arbeitszeit: ca. 40 Minuten
◆ Garzeit: ca. 25 Minuten
◆ 4 Personen
◆ ca. 370 kcal je Portion

Zutaten

Für den Lauch

½ kg Lauch
200 ml Gemüsebrühe
(Instantbrühe oder Fond
aus dem Glas)
etwas Salz
frisch gemahlener weißer
Pfeffer
ca. 2 EL Sherry
100 g Vollmilchjoghurt
1 TL Zitronensaft
etwas Cayennepfeffer oder
Chilipulver

Für die Spieße

750 g mittelgroße, ovale
Kartoffeln
80 g Butter
ca. 1 TL Grillgewürz

Außerdem

ca. 18 Schaschlickspieße
aus Holz oder Metall
etwas Pflanzenöl und
etwas Salz für den Stein

---

1 Das Grün der Lauchstangen abschneiden und anderweitig verwenden. Die weißen Lauchhälften putzen, längs halbieren, dann gründlich waschen und abtropfen lassen.

2 Die Gemüsebrühe zum Kochen bringen. Inzwischen den Lauch quer in schmale Streifen schneiden. Diese in die kochende Brühe geben. Das Ganze leicht salzen, pfeffern und mit Sherry abschmecken. Die Lauchstreifen etwa 10 Minuten garen.

3 Die Lauchstreifen zusammen mit der Kochflüssigkeit in eine Schüssel füllen und das Ganze etwas abkühlen lassen.

4 Dann den Joghurt hinzufügen und das Lauchgemüse mit Salz, Pfeffer, Zitronensaft sowie mit einer Prise Cayennepfeffer oder Chilipulver kräftig abschmecken. Alles in eine Servierschüssel füllen und bereitstellen.

5 Die Kartoffeln schälen, waschen, trockentupfen und der Länge nach mit einem Küchenhobel oder in einer Küchenmaschine zu feinsten Scheiben hobeln. Die hauchdünnen Scheiben der Länge nach leicht einrollen und dicht aneinander auf die Spieße stecken.

6 Die Butter erwärmen, mit dem Grillgewürz abschmecken, die Kartoffelspieße damit üppig einpinseln, auf eine Servierplatte legen und bereitstellen.

7 Den heißen Stein erhitzen, mit etwas Pflanzenöl bestreichen und mit etwas Salz bestreuen. Die Kartoffelspieße auf den heißen Stein legen und dann von beiden Seiten in etwa 15 Minuten knusprig braten. Das Lauchgemüse dazu servieren.

BEILAGENTIPS

◆ Servieren Sie zu den Kartoffelspießen einen gemischten Blattsalat Ihrer Wahl, einen Tomaten- oder einen Paprikasalat.

◆ Schließlich passen die Kartoffelspieße auch selbst als Stärkebeilage gut zu gebratenem Fleisch oder Fisch vom heißen Stein. Beispiele sind Hackfleischröllchen (Seite 144), Lammspieße (Seite 146), Viertelpfünder (Seite 140). In diesem Fall sollten Sie die Kartoffelmenge reduzieren.

GETRÄNKETIPS

Zu dem deftigen Lauch-Kartoffel-Menü empfehlen wir einen gut gekühlten, trockenen Weißwein. Wenn Sie Gäste haben, servieren Sie zum Aperitif einen trockenen Martini mit Eis.

PFIFFIGES MIT GEMÜSE & CO.

REZEPTVARIATIONEN

◆ Verfeinern Sie das Lauchgemüse mit etwa 50 g grob gehackten Hasel- oder Walnüssen und 1 Eßlöffel gehackter Blattpetersilie.

◆ Statt mit selbst zubereiteter Grillgewürzbutter können Sie die Kartoffelspieße auch mit Kräuterbutter (Fertigprodukt) bestreichen.

PRAKTISCHER TIP

Die Kartoffelscheiben müssen unbedingt hauchdünn gehobelt werden, damit sie sich gut aufrollen lassen und später gut durchbraten.

PILZFRIKADELLEN

Infoblock
- ◆ Für den heißen Stein
- ◆ Arbeitszeit: ca. 40 Minuten
- ◆ Garzeit: ca. 10 Minuten
- ◆ 4 Portionen
- ◆ ca. 430 kcal je Portion

Zutaten
1 mittelgroße Zwiebel
250 g frische Pfifferlinge
1 Bund gemischte Kräuter
(z. B. Petersilie, Kerbel, Basilikum)
250 g Kastenweißbrot
100 ml Milch
80 g Butter
2 frische Eier
1 EL Weizenmehl Type 405
etwas Salz
1 Msp. frischgeriebene Muskatnuß
2 EL Pflanzenöl für den Stein

GETRÄNKETIP
Servieren Sie doch mal reichlich Eistee.

1 Die Zwiebel schälen und kleinwürfeln. Die Pfifferlinge verlesen, putzen, gründlich waschen und gut abtropfen lassen. Kräuter waschen, trockenschütteln, Blättchen von den Stengeln zupfen fein wiegen. Pfifferlinge grob zerschneiden.

2 Das Weißbrot in etwa 1 cm große Würfel schneiden und in eine Schüssel legen. Die Milch aufkochen und über die Brotwürfel gießen. Das Ganze mit einem Teller abdecken und kurz ruhen lassen.

3 Die Hälfte der Butter in einer Pfanne erhitzen und darin die Zwiebelwürfel anschwitzen. Pilze dazugeben und unter Rühren so lange dünsten, bis der austretende Pilzsaft einreduziert ist. Dann die gemischten Kräuter hineinrühren und nach weiteren 1 bis 2 Minuten die Pfanne vom Herd nehmen. Die Pilzmischung zum Brot geben.

4 Die Pilz-Brot-Masse zusammen mit Eiern, Mehl, Salz sowie Muskatnußpulver zu einem kompakten, homogenen Teig verarbeiten. Die Hände befeuchten und aus dem Teig etwa 12 kleine, flache Frikadellen formen. Die restliche Butter zerlassen, die Frikadellen von beiden Seiten leicht damit bepinseln, auf eine Servierplatte legen und bereitstellen.

5 Den Stein erhitzen, mit Pflanzenöl bestreichen und mit etwas Salz bestreuen. Die Pilzfrikadellen auf den heißen Stein legen und von beiden Seiten knusprig braten.

BEILAGENTIPS
◆ Reichen Sie zu den Pilzfrikadellen einen bunten Hähnchenbrustsalat (Seite 216) oder einen Tomatensalat.

◆ Wenn Sie ein Kombigerät oder ein zusätzliches Raclettegerät besitzen, dann probieren Sie zu den Pilzfrikadellen Käsezucchini (Seite 230), Tomaten mit Mozzarella (Seite 229) oder Käseherzen (Seite 231).

◆ Natürlich bieten die Pilzfrikadellen selbst eine prima Beilage zu Fleisch- und Geflügelgerichten vom heißen Stein oder aus dem Kombigerät. Sie sollten die Zutatenmengen halbieren.

◆ Wenn Sie ein Kombigerät besitzen, schlagen wir folgende Variation vor. Die Pilzfrikadellen auf dem Stein braten, dann je 1 Frikadelle in ein mit etwas Butter ausgestrichenes Pfännchen setzen, mit 1 Teelöffel Preiselbeerenkompott bestreichen und mit 1 Scheibe Raclettekäse belegen. Das Ganze unter der Grillvorrichtung goldgelb überbacken. Dazu schmecken frische Blattsalate, Fleisch oder Geflügel vom heißen Stein vorzüglich.

◆ Verwenden Sie anstelle der Pfifferlinge frische Champignons.

PFIFFIGES MIT GEMÜSE & CO.

ZUCCHINISPIESSE

Infoblock

- Für den heißen Stein
- Arbeitszeit: ca. 30 Minuten
- Garzeit: ca. 10 Minuten
- 4 Portionen
- ca. 290 kcal je Portion

Zutaten

Für die Spieße

6 kleine, feste Zucchini
3 Knoblauchzehen
7 EL Pflanzenöl
etwas Salz
frisch gemahlener schwarzer Pfeffer
etwas edelsüßes Paprikapulver

Für die Sauce

300 g Naturjoghurt
etwas Salz
frisch gemahlener schwarzer Pfeffer
etwas Worcestershiresauce
1 Prise Zucker
einige Zweige Zitronenmelisse
Saft von ½ großen Zitrone

Außerdem

ca. 8 Schaschlickspieße aus Holz oder Metall

---

1 Die Zucchini putzen, waschen, trockenreiben und der Länge nach mit einem scharfen Messer oder mit einem Sparschäler in sehr dünne Scheiben schneiden. Diese der Länge nach aufrollen und vorsichtig auf die Spieße stecken.

2 Die Knoblauchzehen schälen, durch eine Knoblauchpresse in das Pflanzenöl drücken und alles gut verrühren. Die Zucchinispieße mit Salz, Pfeffer sowie Paprikapulver rundherum einreiben und mit dem Knoblauchöl bepinseln.

3 Den Joghurt mit Salz, Pfeffer, Worcestershiresauce und Zucker pikant abschmecken. Die Zitronenmelisse waschen, gut trockentupfen, die Blätter von den Stengeln zupfen, fein hacken und zusammen mit Zitronensaft unter den Joghurt rühren. Die Melissensauce in Schüsselchen füllen und bereitstellen.

4 Den Stein erhitzen. Die Zucchinispieße darauf legen und unter mehrmaligem Wenden 8 bis 10 Minuten braten. Die Melissensauce dazu servieren.

BEILAGENTIPS

- Servieren Sie zu den Zucchinispießen Knoblauchbutter, Fladenbrot, Sesamringe oder selbst gebackene Partybrötchen (Seite 226). Wenn Sie ein Kombigerät besitzen, empfehlen wir Käseherzen (Seite 231).
- Als Salatbeilage können Sie zwischen einem Ananassalat mit Zwiebeln (Seite 214), einem bunten Hähnchenbrustsalat (Seite 216), einem Tomaten- oder Paprikasalat wählen. Die beiden letzten sollten Sie mit einer Essig-Öl-Marinade anmachen.
- Für die Stärkebeilage empfehlen wir ein Champignon- oder Gemüserisotto (Seite 220) oder einen creolischen Reis (Seite 218).
- Wenn Sie ein Kombigerät besitzen, empfehlen wir zusätzlich gratiniertes Sprossenallerlei (Seite 228), Tomaten mit Mozzarella (Seite 229) oder ½ Rezept Tomaten-Papaya-Pfännchen (Seite 198).

GETRÄNKETIP

Trinken Sie zu den Zucchini mit frischer Sauce einen weißen Tafelwein aus Italien oder Griechenland.

PFIFFIGES MIT GEMÜSE & CO.

REZEPTVARIATIONEN

◆ Falls Sie ein Kombigerät besitzen, pro Person etwa 2 Scheiben Käse, z. B. Raclettekäse, Tilsiter oder Gouda bereithalten. Den Käse im Pfännchen schmelzen lassen und über die gebratenen Zucchinispieße ziehen.

◆ Für bunte Spieße etwa 24 Kirschtomaten waschen, trockenreiben, von den Stielansätzen befreien, leicht einritzen und dann abwechselnd mit den Zucchiniröllchen auf die Spieße stecken. Sie benötigen nur etwa 4 feste Zucchini.

◆ Die Zucchinischeiben würzen, mit dem Knoblauchöl bestreichen, mit Klarsichtfolie gut abdecken und etwa 60 Minuten durchziehen lassen. Sie dann von beiden Seiten auf dem heißen Stein braten und mit der Sauce servieren.

ENGLISCHE BIERPFANNE

Infoblock

- ◆ Für das Raclettegerät
- ◆ Arbeitszeit: ca. 20 Minuten
- ◆ Garzeit: ca. 10 Minuten
- ◆ 4 Portionen
- ◆ ca. 560 kcal je Portion

Zutaten

6 Scheiben Toastbrot
75 g weiche Butter
300 g Gloucester oder
Chester Käse
6 EL helles Bier
1½ EL mittelscharfer Senf
1 großes frisches Eigelb
etwas edelsüßes Paprika-
pulver
etwas Salz
frisch gemahlener weißer
Pfeffer

GETRÄNKETIP

Wie wäre es mit einer Berliner Weiße zum Biertoast? Dazu pro Glas (330 ml Inhalt) 2 cl Waldmeister-, Kirsch- oder Himbeersirup mit gut gekühltem Berliner Weiße Bier aufgießen. Man serviert das Getränk mit Strohhalm, aber ohne schmeckt es fast noch besser.

1 Die Brotscheiben entrinden, mit einem Teil der Butter bestreichen und halbieren, damit sie später in die Pfännchen passen. Die Brotschnitten auf ein Brett legen und bereitstellen.

2 Den Käse entrinden, reiben und zusammen mit der restlichen Butter in einer Metallschüssel verrühren.

3 Diese Schüssel auf ein heißes Wasserbad setzen und unter ständigem Rühren das Bier, den Senf und das Eigelb darunterrühren. Die Käsemasse mit Paprikapulver, Salz sowie Pfeffer pikant abschmecken und das Ganze bereitstellen.

4 Das Raclettegerät vorheizen. Je 1 Brotschnitte in ein Pfännchen legen und diese unter der Grillvorrichtung kurz toasten.

5 Die Pfännchen herausnehmen und das Brot jeweils mit etwas Käsemasse bestreichen. Das Ganze wieder in das Raclettegerät schieben und die Bierpfännchen in 5 bis 7 Minuten goldgelb überbacken.

BEILAGENTIPS

- ◆ Reichen Sie zur englischen Bierpfanne eine gemischte Wurst- und Schinkenplatte, kräftiges Bauernbrot und Kräuterbutter.
- ◆ Als Stärkebeilage empfehlen wir Pellkartoffeln (pro Portion etwa 180 g).
- ◆ Für die frische Komponente bieten sich frische Blattsalate, ein Tomatensalat oder ein knackiger Paprikasalat mit einer einfachen Essig-Öl-Marinade an. Probieren Sie Balsamessig.

REZEPTVARIATIONEN

- ◆ Anstatt der Toastbrotschnitten können Sie etwa 300 g frisches Gemüse, wie z. B. Brokkoli, Zuckerschoten, Möhren, Paprikaschoten oder Bohnen verwenden. Dazu die Gemüse je nach Sorte putzen, waschen und möglichst kleinschneiden, in reichlich Salzwasser bißfest kochen, abgießen, gut abtropfen lassen und später zusammen mit der Kräutermasse überbacken. Sie können auch TK-Gemüsemischungen verwenden.
- ◆ Wenn Sie Gemüse zur Bierpfanne wünschen, probieren Sie ein ½ Rezept gratiniertes Gemüse (Seite 188, 190 192 und 194) aus diesem Kapitel.
- ◆ Servieren Sie in jedem Fall verschiedene sauer eingelegte Gemüse, wie z. B. Paprikaschoten, Gurken, Maiskölbchen oder Silberzwiebeln.

PFIFFIGES MIT GEMÜSE & CO.

KARTOFFEL-KRÄUTER-BURGER

Infoblock

◆ Für das Raclettegerät
◆ Arbeitszeit: ca. 30 Minuten
◆ Garzeit: ca. 35 Minuten
◆ 4 Portionen
◆ ca. 530 kcal je Portion

Zutaten

750 g mehligkochende
Kartoffeln
etwas Salz
1 Bund gemischte Kräuter
(z.B. Petersilie, Liebstöckel,
Basilikum, Schnittlauch)
100 g Weizenmehl
Type 405
2 frische Eigelb
frisch gemahlener weißer
Pfeffer
1 Msp. frisch geriebene
Muskatnuß
50 g flüssige Butter
150–200 g Raclettekäse in
Scheiben

1 Die Kartoffeln waschen, schälen und in gleichgroße Stücke schneiden. Diese in Salzwasser in etwa 20 Minuten gar kochen. In der Zwischenzeit die Kräuter waschen, gut trockenschwenken, die Blättchen von den Stengeln zupfen und fein hacken.

2 Die Kartoffeln abgießen und noch heiß mit einem Kartoffelstampfer zerdrücken oder durch eine Kartoffelpresse drücken. Mit einem Holzlöffel das Mehl, die Eigelbe sowie die gehackten Kräuter gleichmäßig unter die Kartoffelmasse mengen. Die Kartoffel-Mehl-Ei-Masse mit Salz, Pfeffer und Muskatnußpulver kräftig würzen.

3 Die Hände leicht bemehlen und aus dem Kartoffelteig Burger formen, die später in die Pfännchen passen. Die Burger auf einen Servierteller legen und die Oberflächen mit einem kalt abgespülten Messer längs und quer einritzen. Das Ganze mit einem Teil der Butter bepinseln. Alles bereitstellen.

4 Das Raclettegerät vorheizen. Die Pfännchen mit etwas Butter ausstreichen und je 1 Burger hineinsetzen. Die Pfännchen in die Grillvorrichtung schieben, die Burger von jeder Seite knusprig braten, dann mit 1 Scheibe Käse belegen und goldgelb überbacken.

BEILAGENTIPS

◆ Reichen Sie zu den Kartoffel-Kräuter-Burgern einen bunten Hähnchenbrustsalat (Seite 216), einen Tomatensalat oder einen knackigen Paprikasalat mit einer einfachen Essig-Öl-Marinade. Sparen Sie dabei nicht mit frischen Kräutern.

◆ Als Gemüsebeilage empfehlen wir Käsezucchini (Seite 230), Tomaten mit Mozzarella (Seite 229) oder die Rezepte zu gratinierten Gemüsen aus diesem Kapitel (Seite 188, 190, 192 und 194). Bei den letzteren sollten Sie die Zutatenmengen reduzieren.

◆ Schließlich bieten sich die Kartoffel-Kräuter-Burger selbst gut als Beilage zu Fleisch-, Geflügel- und zu Gemüsegerichten aus dem Raclette oder aus dem Kombigerät an. Sie sollten die Zutatenmenge dann halbieren.

GETRÄNKETIP

Rotwein oder Weißwein? Beide Sorten passen. Wählen Sie selbst.

PFIFFIGES MIT GEMÜSE & CO.

REISPFLÄNZCHEN MIT BROKKOLI

Infoblock

- ◆ Für das Raclettegerät
- ◆ Arbeitszeit: ca. 30 Minuten
- ◆ Garzeit: ca. 35 Minuten
- ◆ 4 Portionen
- ◆ ca. 580 kcal je Portion

Zutaten

Für die Pflänzchen

½ l Gemüsebrühe (aus
Instantpulver oder Fond
aus dem Glas)
250 g Langkornreis
1 Prise Safranpulver
etwas Salz
500 g Brokkoli
1 frisches Eigelb
50 g grob geriebenes
Toastbrot
50 g geriebener Gouda
frisch gemahlener weißer
Pfeffer
50 ml Olivenöl

Für die Sauce

1 Bund Schnittlauch
300 g saure Sahne
etwas Salz
frisch gemahlener
schwarzer Pfeffer

1 Die Gemüsebrühe zum Kochen bringen. Den Reis unter Zugabe von Safran und Salz hineinstreuen, den Herd zurückschalten und den Reis bei mäßiger Hitze in 18 bis 20 Minuten ausquellen lassen. Dabei gelegentlich umrühren. Den Topf vom Herd nehmen und den Reis etwas abkühlen lassen.

2 Während der Reis quillt, reichlich Salzwasser zum Kochen bringen. Den Brokkoli putzen und in gleichmäßige, kleine Röschen schneiden, gründlich waschen, dann für etwa 2 Minuten in das kochende Salzwasser geben, vorgaren, abgießen, kalt abbrausen, gut abtropfen lassen und bereitstellen.

3 Den Safranreis zusammen mit dem Eigelb, dem Toastbrot sowie dem geriebenen Gouda zu einem kompakten Teig vermengen. Das Ganze mit Salz und Pfeffer gut abschmecken.

4 Mit angefeuchteten Händen aus dem Reisteig etwa 16 kleine Pflänzchen formen, auf eine Platte legen und bereitstellen.

5 Den Schnittlauch waschen, dann trockentupfen, fein schneiden und zusammen mit der Sahne sowie etwas Salz und Pfeffer verrühren.

6 Das Raclettegerät vorheizen. Die Raclettepfännchen mit etwas Olivenöl ausstreichen, je 1 Reispflänzchen sowie etwas Brokkoli hineinsetzen und das Ganze unter die Grillvorrichtung schieben. Die Reispflänzchen nach etwa 5 Minuten wenden und auch von der anderen Seite knusprig backen. Die Schnittlauchsauce dazu servieren.

BEILAGENTIPS

◆ Zu den knusprigen Reispflänzchen paßt ein leckeres Maischutney. Dazu 2 Zwiebeln schälen und kleinwürfeln. Zwei Dosen Maiskörner (etwa 600 g Abtropfgewicht) in ein Sieb geben und abtropfen lassen. In einem Topf etwa 5 Eßlöffel Olivenöl erhitzen und die Zwiebelwürfel darin andünsten. Dann die Maiskörner, etwa 200 g braunen Zucker und etwa 100 ml Weinessig unter Rühren hinzufügen. Das Chutney bei niedriger Hitze etwa 20 Minuten köcheln lassen. Das Ganze mit Salz, Pfeffer, etwa 1 Eßlöffel scharfem Senf und etwas Kurkumapulver (Gelbwurz) abschmecken. Das Maischutney lauwarm oder kalt servieren. Ebenso können Sie auch verschiedene Fertigchutneys dazu anbieten.

◆ Als Salatbeilage sollten Sie einen bunten Hähnchenbrustsalat (Seite 216) und einen Ananassalat mit Zwiebeln (Seite 194) zubereiten.

PFIFFIGES MIT GEMÜSE & CO.

REZEPTVARIATIONEN

◆ Der Reispflänzchenteig kann mit beliebigen Käsesorten, wie z. B. geriebener Parmesan, Emmentaler, Appenzeller, Greyerzer oder Pecorino zubereitet werden.

◆ Verfeinern Sie den Reisteig mit etwa 2 Eßlöffeln frisch gehackten Kräutern, wie z. B. Thymian, Basilikum oder Schnittlauch.

GETRÄNKETIPS

◆ Trinken Sie zu den Reispflänzchen verschiedene Fruchtsaftcocktails. Dazu Sektgläser zur Hälfte mit kaltem Maracuja-, Orangen- oder Kirschsaft füllen. Dann das Ganze mit gut gekühltem Sekt oder Weißwein aufgießen.

◆ Ebenso schmeckt auch Mineralwasser mit Eis und Zitrone.

ÜBERBACKENE GRÜNKERNKÜCHLEIN

Infoblock

◆ Für das Raclettegerät
◆ Arbeitszeit: ca. 15 Minuten
◆ Quellzeit: ca. 30 Minuten
◆ Garzeit: ca. 15 Minuten
◆ 4 Portionen
◆ ca. 490 kcal je Portion

Zutaten

¼ l Milch
etwas Salz
150 g Grünkernmehl
(aus dem Reformhaus)
½ Bund Petersilie
2 frische Eier
frisch gemahlener
schwarzer Pfeffer
60 g weiche Butter
150–200 g Raclettekäse in Scheiben
etwas weiche Butter für die Pfännchen

GETRÄNKETIP

Zu den Grünkernküchlein paßt ein Radler. Dazu pro Glas ¼ l Zitronenlimonade mit der gleichen Menge Pils mischen.

1 Die Milch zusammen mit einer großen Prise Salz aufkochen. Das Grünkernmehl hineinsieben und mit einem Schneebesen kräftig darunterschlagen. Den Topf vom Herd nehmen und anschließend den Grünkernbrei etwa 30 Minuten ausquellen lassen.

2 In der Zwischenzeit die Petersilie waschen, gut trockenschütteln, die Blätter von den Stengeln zupfen und fein wiegen. Mit einem elektrischen Handrührgerät den Grünkernteig zusammen mit den Eiern, der Petersilie, etwas Salz und Pfeffer gründlich verrühren.

3 Mit feuchten Händen aus dem Grünkernteig kleine Küchlein formen, die später in die Raclettepfännchen passen sollen. Diese in einer beschichteten Pfanne mit etwas Butter von beiden Seiten anbraten, auf eine Servierplatte setzen und zusammen mit der restlichen Butter bereitstellen.

4 Das Raclettegerät vorheizen. Die Raclettepfännchen mit Butter auspinseln. Je ein Grünkernküchlein hineinsetzen und mit einer Scheibe Raclettekäse belegen. Die Pfännchen unter die Grillvorrichtung schieben und die Grünkernküchlein goldgelb überbacken.

BEILAGENTIPS

◆ Reichen Sie zu den Getreideküchlein einen bunten Hähnchenbrustsalat (Seite 216), einen Ananassalat mit Zwiebeln (Seite 214) oder einen gemischten Blattsalat (z. B. Endivien-, Feld- und Friséesalat) mit einer einfachen Essig-Öl-Marinade. Oder wie wäre es mal mit einem fruchtigen Salat? Dafür 1 Kopfsalat putzen, die einzelnen Blätter waschen, gut trockentupfen und quer in Streifen schneiden. Etwa 250 g frische Erdbeeren putzen, waschen, trockentupfen, vierteln und unter die Salatstreifen mengen. Etwa 200 g saure Sahne mit etwas scharfem Senf, etwas Salz, gemahlenem buntem Pfeffer und dem Saft von ½ Zitrone verrühren und abschmecken. Die Salatsauce kurz vor dem Servieren unter den fruchtigen Salat mischen.

◆ Als Gemüsebeilage empfehlen wir gratinierte Sprossen (Seite 228), Tomaten mit Mozzarella (Seite 229), Käsezucchini (Seite 230), etwa ½ Rezept Paprikapfännchen mit Gorgonzola (Seite 196) oder überbackene Käsechampignons (Seite 190).

REZEPTVARIATION

Wenn Sie es deftig mögen, geben Sie etwa 75 g fein gewürfelten, mageren Schinken unter den Grünkernteig. Sie können rohen, gekochten oder geräucherten Schinken nehmen.

PFIFFIGES MIT GEMÜSE & CO.

ANANASSALAT MIT ZWIEBELN

Infoblock

- Arbeitszeit: ca. 30 Minuten
- Zeit zum Durchziehen: ca. 60 Minuten
- 4 Portionen
- ca. 350 kcal je Portion

Zutaten

1 mittelgroße, reife Ananas
2 große Zwiebeln
50 g Salatmayonnaise
50 g süße Sahne
Saft von 1 Orange
etwas Salz
frisch gemahlener weißer Pfeffer
½ TL Currypulver
8 dünne Scheiben roher Schinken

1 Die Ananas so schälen, daß der Blattschopf zunächst an der Frucht verbleibt. Der Strunk samt Blättern soll später als Dekoration Verwendung finden. Das Fruchtfleisch vorsichtig von dem Strunk abschneiden und in gleichmäßige, kleine Stücke schneiden.

2 Die Zwiebeln schälen, halbieren und dann in ganz feine Scheiben schneiden. Ananasstücke und Zwiebelscheiben in einer Salatschüssel mischen.

3 Mayonnaise, Sahne und Orangensaft in ein Schüsselchen geben und glattrühren. Die Sauce mit Salz, Pfeffer sowie dem Currypulver pikant abschmecken. Die Salatsauce zur Zwiebel-Ananas-Mischung geben und alles vermengen. Den Salat nochmals nachwürzen, mit Klarsichtfolie abdecken und etwa 60 Minuten in den Kühlschrank stellen.

4 Kurz vor dem Servieren den Ananasstrunk mit dem Blattschopf in die Mitte der Salatschüssel stecken. Die Schinkenscheiben aufrollen, eventuell zu Röschen formen und rundherum auf dem Salat anrichten.

REZEPTVARIATIONEN

◆ Sie können den Ananassalat mit Orangenfilets und Bananenscheiben ergänzen. Dazu 1 Banane schälen und schräg in Scheiben schneiden. 2 Orangen so schälen, daß auch die weiße Haut entfernt wird. Dann mit einem Filetiermesser die einzelnen Fruchtfilets herauslösen.

◆ Wenn Sie Kalorien sparen wollen, können Sie für die Salatsauce anstatt Mayonnaise und Sahne auch etwa 100 g Naturjoghurt verwenden. Diesen mit dem Orangensaft glattrühren.

PRAKTISCHER TIP

Der fruchtige Salat paßt gut zu exotischen Gerichten vom heißen Stein und ganz besonders als Beilage bei einer karibischen Party (Seite 244).

GETRÄNKETIP

Zum Ananas-Zwiebel-Salat paßt gut ein Banana Daiquiri. Hier das Rezept für 1 Drink: In einen Mixaufsatz 3 cl Zuckersirup, 6 Eiswürfel, 6 cl weißen Rum und 1 kleine, grob zerkleinerte Banane geben. Das Ganze so lange mixen, bis die Banane fein püriert ist. Dann den Saft von ½ Zitrone darunterrühren. Den Bananendrink in ein Ballonglas füllen. Ein paar Bananenscheiben auf ein Cocktailspießchen stecken und in das Glas geben.

RAFFINIERTE BEILAGEN

BUNTER HÄHNCHENBRUSTSALAT

Infoblock

◆ Arbeitszeit: ca. 30 Minuten
◆ Garzeit: ca. 7 Minuten
◆ 4 Portionen
◆ ca. 690 kcal je Portion

Zutaten

300 g Hähnchenschnitzel
etwas Salz
frisch gemahlener weißer Pfeffer
etwas rosenscharfes Paprikapulver
200 g Frühstücksspeck in Scheiben
100 ml Pflanzenöl
1 Kopf Römersalat, ersatzweise 1 Kopfsalat
2 große Fleischtomaten
2 Eier
1 frisches Eigelb
1 EL mittelscharfer Senf
4 EL Weißweinessig
1 Prise Zucker

1 Die Hähnchenschnitzel kalt abspülen, dann mit Küchenpapier trockentupfen und in dünne Streifen schneiden. Das Fleisch salzen, pfeffern und leicht mit Paprikapulver würzen. Anschließend den Frühstücksspeck in Streifen schneiden.

2 In einer Pfanne 2 Eßlöffel Pflanzenöl erhitzen. Die Hähnchenstreifen hineingeben, von allen Seiten scharf anbraten, herausnehmen und auf ein Stück Küchenpapier legen. Die Speckstreifen ebenfalls in die Pfanne geben, darin knusprig braten und zu den Hähnchenstreifen geben.

3 Den Römersalat in Blätter zerteilen, putzen, waschen und gut trockenschwenken. Strunkansätze und feste Blattrippen herausschneiden. Die Salatblätter quer in Streifen schneiden und in eine Salatschüssel geben.

4 Die Tomaten kreuzweise einritzen, in kochendem Wasser überbrühen, in kaltem Wasser abschrecken, von den Stielansätzen befreien, enthäuten, vierteln, entkernen und das Fruchtfleisch in Streifen schneiden. Die Eier hartkochen, abschrecken, pellen und fein würfeln.

5 Das Eigelb zusammen mit dem Senf gut verrühren. Das restliche Pflanzenöl mit einem elektrischen Handrührgerät (auf höchster Stufe) nach und nach in einem dünnen Strahl darunterschlagen. Die Salatcreme mit dem Weißweinessig, mit etwa 4 Eßlöffeln lauwarmem Wasser, mit Salz, Pfeffer, Paprikapulver sowie mit dem Zucker abschmecken.

6 Alle vorbereiteten Zutaten außer der Salatsauce zu den Blattsalatstreifen geben und mischen. Die Salatsauce kurz vor dem Servieren nochmals aufrühren und den Salat damit anmachen.

PRAKTISCHE TIPS

◆ Der bunte Hähnchenbrustsalat ist eine prima Beilage zu vielen Raclettegerichten oder Leckerbissen vom heißen Stein. Besonders gut paßt er zu vegetarischen Köstlichkeiten (Seite 188 bis 212) oder zum Schweizer Raclette (Seite 150). Sie können dann auf das Bündner Fleisch verzichten.

◆ Wenn Sie mögen, können Sie den Salat auch ohne das Hähnchenfleisch zubereiten. Jeder kann sich dann später die Hähnchenbruststreifen auf dem heißen Stein oder in ausgefetteten Raclettepfännchen braten und warm zum Salat genießen. Die Streifen für die Pfännchen ganz dünn schneiden.

RAFFINIERTE BEILAGEN

GETRÄNKETIP

Wenn Sie den Hähnchensalat als Beilage gewählt haben, sollten Sie eine gut gekühlte Ananasbowle zum Essen servieren. Eine reife Ananas schälen, achteln, vom Strunk befreien und in kleine Ecken schneiden. Das Fruchtfleisch in ein Bowlengefäß geben und mit etwa 100 g Zucker bestreuen. Das Ganze mit ½ l Weißwein übergießen, abdecken, für etwa 60 Minuten in den Kühlschrank stellen und vor dem Servieren mit 2 Flaschen Sekt aufgießen.

CREOLISCHER REIS

Infoblock

- Arbeitszeit: ca. 20 Minuten
- Garzeit: ca. 20 Minuten
- 4 Portionen
- ca. 520 kcal je Portion

Zutaten

250 g Langkornreis
gut ½ TL Salz
150 g gesalzene Erdnußkerne
1 Orange
1 reife, feste Banane
frisch gemahlener
schwarzer Pfeffer
½ TL Currypulver
etwas Cayennepfeffer

GETRÄNKETIP

Es muß nicht immer Kaffee sein. Sollten Sie den creolischen Reis als Beilage gewählt haben, servieren Sie im Anschluß doch mal einen Tee. Wie wäre es mit einem grünen Tee oder mit einem Jasmintee?

1 Den Reis, etwa ½ Teelöffel Salz und etwa ½ l kaltes Wasser in einen Topf geben und verrühren. Das Ganze einmal aufkochen, die Hitze reduzieren und den Reis in etwa 20 Minuten garen. Dabei öfter mal umrühren.

2 Anschließend den Herd ausschalten, den Topf öffnen und den Reis einige Minuten abdampfen lassen.

3 Während der Reis gart, die Erdnußkerne in eine trockene, erhitzte Pfanne geben und darin kurz anrösten. Dann das Ganze beiseite stellen.

4 Die Orange auspressen und den Saft durch ein Haarsieb seihen. Die Banane schälen, in dünne Scheiben schneiden und mit dem Orangensaft beträufeln.

5 Den Reis, die Erdnußkerne und die Bananenscheiben in einer vorgewärmten Servierschüssel mischen. Das Ganze mit Salz, Pfeffer, Currypulver sowie mit etwas Cayennepfeffer abschmecken und warm stellen oder gleich servieren.

PRAKTISCHE TIPS

- Wer ein besonders lockeres Reisgericht bevorzugt, der sollte den Reis in Salzwasser sprudelnd kochen, durch ein Sieb abgießen, kalt abspülen und gut abtropfen lassen. Erhitzen Sie den Reis später in wenig Butter und mischen ihn mit den übrigen Zutaten.
- Reisfans waschen den rohen Reis in einem Sieb gründlich mit kaltem Wasser. Die Reiskörner reiben während der Lagerung aneinander. So entsteht Reismehl, das dann beim Kochen den Reis verkleistert. Durch das vorherige Waschen wird der Großteil des Reismehles entfernt. Der Reis bleibt beim Kochen schön körnig.
- Creolischer Reis paßt hervorragend zu allen Fleisch-, Geflügel-, Fisch- und Gemüsegerichten vom heißen Stein oder aus dem Pfännchen. Vor allem dann, wenn diese einen exotischen oder gar karibischen Touch haben. Er ist also eine prima Beilage für unsere karibische Party (Seite 244 bis 249).

REZEPTVARIATION

Wenn Sie es fruchtig mögen, erweitern Sie den creolischen Reis mit Orangenfilets. Dazu 2 Orangen mit einem scharfen Messer so schälen, daß auch die weiße Haut entfernt wird. Dann mit einem Filetiermesser die Fruchtfilets vorsichtig herausschneiden.

RAFFINIERTE BEILAGEN

CHAMPIGNONRISOTTO

Infoblock

◆ Arbeitszeit: ca. 20 Minuten
◆ Garzeit: ca. 20 Minuten
◆ 4 Portionen
◆ ca. 390 kcal je Portion

Zutaten

4 Knoblauchzehen
250 g frische Champignons
3 EL Pflanzenöl
300 g Rundkornreis
100 ml Weißwein
½ l Gemüsebrühe (aus Instantpulver oder Fond aus dem Glas)
½ TL Salz
1 TL getrocknete Kräuter der Provence

GETRÄNKETIP

Zum Champignonrisotto sollten Sie einen gut gekühlten, trockenen Weißwein servieren. Am besten den Weißwein verwenden, den Sie für das Risotto bereits entkorkt haben.

1 Die Knoblauchzehen schälen und fein würfeln. Die Champignons putzen, mit einem feuchten Tuch abreiben und in Viertel schneiden.

2 Das Pflanzenöl in einem Topf erhitzen. Die Knoblauchwürfel hineingeben und darin glasig anschwitzen. Die Champignonviertel hinzufügen und so lange andünsten, bis der gesamte austretende Pilzsaft verdampft ist.

3 Inzwischen den Reis in ein Sieb geben, kalt abbrausen und kurz abtropfen lassen. Den Reis zu den Pilzen geben und das Ganze unter Rühren einige Minuten anziehen lassen.

4 Die Pilz-Reis-Mischung mit dem Weißwein ablöschen. Die Gemüsebrühe dazugießen und alles aufkochen. Das Ganze mit Salz und den Kräutern würzen.

5 Die Hitze reduzieren, dann den Topf mit einem Deckel schließen und das Champignonrisotto in 15 bis 18 Minuten fertig garen. Dabei öfter vorsichtig umrühren.

6 Wenn die Flüssigkeit nahezu aufgesogen ist, den Herd anschalten und das Champignonrisotto bei offenem Topf einige Minuten abdampfen lassen. Vorsicht, daß es nicht anbrennt. Das Risotto in eine vorgewärmte Servierschüssel füllen.

REZEPTVARIATIONEN

◆ Anstatt Champignons können Sie auch frische Pfifferlinge, Austern- oder Steinpilze verwenden.

◆ Für ein Gemüserisotto etwa 270 g Möhren, Paprikaschoten, Zucchini oder TK-Erbsen entsprechend vorbereiten. Die Möhren, Paprikaschoten und Zucchini putzen, waschen und in etwa 1 cm große Würfel bzw. Rauten schneiden. Das jeweilige Gemüse zusammen mit dem Knoblauch andünsten. Sie können auch verschiedene Gemüsesorten mischen.

◆ Wenn Sie es würzig mögen, mischen Sie kurz vor dem Servieren etwa 100 g frisch geriebenen Parmesankäse unter das Risotto.

PRAKTISCHE TIPS

◆ Typischer Risottoreis ist ein Rundkornreis und kommt aus Italien. Während des Garens gibt er Stärke ab und sorgt so für die Sämigkeit eines Risottos. Bekannte Reissorten sind Arborio, Vialone und Carnaroli.

◆ Die genaue Garzeit eines Risottos hängt von der Reissorte ab. Probieren Sie das Ganze während des Garvorgangs lieber öfter mal.

RAFFINIERTE BEILAGEN

KAVIARSPAGHETTI

Infoblock

- Für das Raclette- oder das Kombigerät
- Arbeitszeit: ca. 15 Minuten
- Garzeit: ca. 16 Minuten
- 4 Portionen
- ca. 470 kcal je Portion

Zutaten

300 g Hartweizenspaghetti
etwas Salz
1 EL Olivenöl
100 g süße Sahne
2 frische Eigelb
50 g Kaviar
(z. B. Seehasenrogen)
1 EL frisch gehackter Dill, ersatzweise 1 TL getrockneter Dill
1 Spritzer Zitronensaft
frisch gemahlener weißer Pfeffer
etwas weiche Butter für die Pfännchen

GETRÄNKETIPS

Kaviar macht sehr durstig. Ein trockener Weißwein, aber auch herbes Pils oder einfach ein Mineralwasser mit Zitrone und Eiswürfeln vertragen sich gut mit ihm.

---

1 Die Spaghetti zwei- bis dreimal durchbrechen. Reichlich Wasser, etwas Salz und das Olivenöl in einem großen Topf zum Kochen bringen. Die Spaghetti in das kochende Wasser geben und in etwa 8 Minuten bißfest garen.

2 Die Spaghetti durch ein Sieb abgießen, gut mit kaltem Wasser abschrecken und dann gründlich abtropfen lassen.

3 Die Sahne zusammen mit den Eigelben, dem Kaviar, dem Dill und dem Zitronensaft gut verrühren. Die Sauce über die Spaghetti gießen und das Ganze mischen. Diese Mischung kosten, nach Bedarf pfeffern und salzen und bereitstellen.

4 Das Raclettegerät vorheizen. Die Raclettepfännchen mit etwas Butter ausfetten, die Kaviarspaghetti hineinfüllen und das Ganze unter die Grillvorrichtung schieben. Dann die Nudeln in 4 bis 7 Minuten überbacken.

PRAKTISCHE TIPS

◆ Die pikanten Kaviarspaghetti passen zu Fisch- und Gemüsegerichten vom heißen Stein oder aus dem Raclettepfännchen (Seite 170 bis 187 und Seite 188 bis 213).

◆ Vorsicht beim Salzen der Nudelmischung, denn Kaviar kann sehr salzig sein. Da ist oft kein zusätzliches Salz mehr nötig.

◆ Ein Gläschen Kaviar muß nicht der Inbegriff von Luxus sein. Die preiswerteste Sorte stammt vom Seehasen. Sie ist auch unter dem Begriff „Deutscher Kaviar" bekannt. Er kommt meist stark gesalzen und rot oder schwarz eingefärbt aus Norwegen, Dänemark oder Island zu uns.

◆ Sollten Sie kein Raclettegerät oder keinen heißen Stein mit entsprechender Vorrichtung (Kombigerät) besitzen, können Sie die Nudeln auch im Backofen überbacken. Dafür 4 bis 6 Souffléförmchen mit etwas flüssiger Butter oder Olivenöl ausstreichen. Die Spaghetti-Kaviar-Masse hineinfüllen und alles bereitstellen. Den Ofen auf etwa 200°C vorheizen. Kurz bevor Sie mit dem Essen beginnen, die Nudeln in den Ofen schieben und in etwa 10 Minuten überbacken.

RAFFINIERTE BEILAGEN

223

OLIVEN-KARTOFFEL-CREME

Infoblock

◆ Arbeitszeit: ca. 20 Minuten
◆ Garzeit: ca. 20 Minuten
◆ 4 Portionen
◆ ca. 590 kcal je Portion

Zutaten

800 g Kartoffeln
etwas Salz
200 g schwarze Oliven
1 große Zwiebel
2 Knoblauchzehen
100 ml Olivenöl
1 frisches Eigelb
100 g Vollmilchjoghurt
etwas frisch gemahlener Pfeffer

GETRÄNKETIP

Wenn Sie die Oliven-Kartoffel-Creme zu Lammfleisch vom heißen Stein servieren, dann probieren Sie doch mal einen Retsina zum Essen. Es handelt sich hierbei um einen geharzten, weißen Landwein aus Griechenland.

1 Die Kartoffeln waschen, schälen, gleichmäßig in kleine Stücke schneiden und in etwas Salzwasser in 15 bis 20 Minuten weich kochen.

2 In der Zwischenzeit die Oliven entsteinen und in dünne Scheiben schneiden. Die Zwiebel sowie die Knoblauchzehen schälen und beides kleinwürfeln.

3 Etwa 2 Eßlöffel Olivenöl in einer Pfanne erhitzen. Zwiebel- und Knoblauchwürfel hineingeben und einige Minuten andünsten. Dann die Pfanne beiseite stellen.

4 Die Kartoffeln abgießen und kurz abdampfen lassen. Die Kartoffelstücke mit einem Kartoffelstampfer zerdrücken oder durch eine Kartoffelpresse drücken.

5 Mit einem elektrischen Handrührgerät oder mit einem Schneebesen das restliche Olivenöl, dann das Eigelb und den Vollmilchjoghurt langsam und gleichmäßig unter das Kartoffelmus schlagen.

6 Zuletzt die Zwiebel- und Knoblauchwürfel sowie die Olivenscheiben unter die Kartoffelcreme heben. Das Ganze mit Salz und Pfeffer abschmecken und möglichst sofort servieren.

REZEPTVARIATIONEN

◆ Die lauwarme Kartoffelcreme läßt sich mit frisch gehackten Kräutern, wie z. B. Kerbel, Gartenkresse, Petersilie oder Schnittlauch, beliebig verfeinern.

◆ Anstelle der schwarzen Oliven können Sie natürlich auch grüne nehmen.

PRAKTISCHE TIPS

◆ Die Oliven-Kartoffel-Creme paßt gut zu Fleischgerichten vom heißen Stein oder aus dem Raclettepfännchen. Probieren Sie sie in Kombination mit den Lammspießen (Seite 146) oder zusammen mit den Leberspießen mit Apfelsauce (Seite 142).

◆ Die Kartoffelcremebeilage läßt sich gut mit einem Blattsalat Ihrer Wahl kombinieren. Bieten Sie außerdem knuspriges Fladenbrot und reichlich Oliven dazu an.

◆ Die Kartoffel-Oliven-Creme sollte gleich nach dem Zubereiten serviert werden. Sie läßt sich schlecht warm halten oder gar wiedererwärmen. Wenn Sie das Essen vorbereiten wollen, garen Sie die Kartoffelwürfel vor und lassen Sie diese zunächst ganz. Später dann die Kartoffeln im Kochsud erwärmen, abgießen und die Creme fertigstellen.

RAFFINIERTE BEILAGEN

225

PARTYBRÖTCHEN

Infoblock

- Arbeitszeit: ca. 40 Minuten
- Zeit zum Gehen: ca. 2 Stunden
- Backzeit: ca. 30 Minuten
- 10 bis 12 Brötchen
- ca. 440 kcal pro Brötchen

Zutaten

Für den Teig

800 g Weizenmehl Type 405
1½ Würfel Hefe (ca. 60 g)
1 Prise Zucker
1 TL Salz
150 g durchwachsener Speck
2 mittelgroße Zwiebeln
2 Knoblauchzehen
3 EL Butter

Außerdem

50 g flüssige Butter
1 EL Kümmelsamen

1 Das Mehl in eine Schüssel sieben und mit dem Handrücken eine Vertiefung formen. Die Hefe hineinbröckeln, den Zucker darüberstreuen, alles mit etwa ½ l lauwarmem Wasser begießen und leicht verrühren. Den flüssigen Vorteig leicht mit Mehl bestäuben und die Schüssel mit einem Tuch abdecken. Das Ganze für etwa 30 Minuten an einem warmen Ort gehen lassen.

2 Den gegangenen Vorteig zusammen mit dem Salz zu einem geschmeidigen Hefeteig verkneten. Das Ganze nochmals zudecken und für etwa 60 Minuten an einem warmen Ort gehen lassen.

3 Inzwischen den Speck von der Schwarte abschneiden und in feine Streifen schneiden. Die Zwiebeln sowie die Knoblauchzehen schälen und kleinwürfeln. In einer Pfanne die Butter erhitzen. Zuerst die Speckstreifen kurz darin anbraten. Nach 1 bis 2 Minuten die Zwiebeln und den Knoblauch dazugeben. Alles glasig schwitzen, dann die Pfanne vom Herd nehmen.

4 Den Backofen auf 220°C vorheizen. Ein Backblech mit etwas flüssiger Butter bestreichen. Den Hefeteig mit leicht bemehlten Händen in 9 bis 12 Teigportionen aufteilen.

5 Jede Teigkugel auf der Handfläche flachdrücken und etwas Speckmischung darauf geben. Die Teigränder nach oben ziehen, zusammendrücken und das Ganze zu einem Bällchen formen. Mit allen übrigen Teigkugeln ebenso verfahren.

6 Die Brötchen ganz dicht aneinander in Form eines Kreises auf dem Backblech anordnen und ganz leicht zusammendrücken. Den Brötchenkranz mit der restlichen Butter bestreichen, mit Kümmel bestreuen und diesen festdrücken. Die Brötchen nochmals etwa 30 Minuten an einem warmen Ort gehen lassen.

7 Das Backblech auf der zweiten Einschubleiste von unten in den Ofen schieben und die Hefebrötchen etwa 30 Minuten backen. Den krusprigen Brötchenkranz herausnehmen, in eine große, Stoffserviette hüllen und bereitlegen.

RAFFINIERTE BEILAGEN

REZEPTVARIATIONEN

◆ Für kernige Nußbrötchen anstatt Speck etwa 180 g gehackte Hasel- oder Walnüsse, Mandeln oder ungesalzene Pistazienkerne zum Füllen verwenden.

◆ Für leichte Gemüsebrötchen verwenden Sie anstatt Speck etwa 300 g frischen Brokkoli oder Möhren. Das Gemüse putzen, waschen und dann in kleine Röschen bzw. Würfelchen schneiden. Das Ganze in der Butter anbraten und in die Brötchen füllen.

◆ Statt mit Kümmelsamen können Sie die Partybrötchen auch mit Mohn, Sesamsamen, Leinsamen, gehackten Sonnenblumen- oder Kürbiskernen oder mit Kreuzkümmelsamen bestreuen. Die Samen sollten stets ganz frisch sein.

GRATINIERTES SPROSSENALLERLEI

Infoblock

- Für das Raclette- oder das Kombigerät
- Arbeitszeit: ca. 15 Minuten
- Garzeit: ca. 6 Minuten
- 4 Portionen
- ca. 500 kcal je Portion

Zutaten

4 Handvoll gemischte Sprossen (z. B. Radieschen-, Mungobohnen-, Sonnenblumen-, Alfalfa-, Sojabohnen- oder Senfsprossen)
etwas Meersalz
50 g gehackte Walnüsse
4 EL Erdnußöl
frisch gemahlener bunter Pfeffer
60 g weiche Butter
100 g geriebener Gouda

1 Die Sprossen in ein Sieb geben, gründlich abbrausen und in reichlich kochendem Salzwasser für einige Sekunden blanchieren. Die Sprossen abgießen, gut trockenschwenken und zusammen mit den Walnüssen und dem Erdnußöl mischen. Das Ganze leicht salzen und pfeffern.

2 Etwa zwei Drittel der Butter zusammen mit dem Gouda verkneten, in ein Schüsselchen geben und zusammen mit der restlichen Butter bereitstellen.

3 Das Kombi- oder Raclettegerät vorheizen. Die Pfännchen mit etwas Butter ausstreichen und mit einigen Sprossen füllen. Etwas Käse-Butter-Mischung darauf geben und das Ganze etwa 5 Minuten gratinieren lassen.

PRAKTISCHE TIPS

- In Naturkostgeschäften, in Reformhäusern oder aber in gut sortierten Gemüseabteilungen von Lebensmittelgeschäften erhalten Sie verschiedenste frische Sprossen und Keimlinge.
- Gratinierte Sprossen sind eine prima Beilage zu nahezu allen Gerichten vom Stein oder aus dem Raclettepfännchen.

RAFFINIERTE BEILAGEN

TOMATEN MIT MOZZARELLA

1 Die Fleischtomaten waschen, kreuzweise einritzen, vom Stielansatz befreien, in kochendem Wasser überbrühen, abschrecken und enthäuten. Die Tomaten halbieren, entkernen und in kleine Würfel schneiden.

2 Das Basilikum waschen, gut trockentupfen, die Blätter von den Stengeln zupfen und fein wiegen. Das Olivenöl zusammen mit dem Basilikum, etwas Salz und Pfeffer verrühren. Dann den Mozzarella trockentupfen, halbieren und in Würfel schneiden.

3 Tomatenwürfel, Mozzarellawürfel und Olivenölmischung vermengen, das Ganze in eine Servierschüssel geben und bereitstellen. Das Kombi- oder Raclettegerät vorheizen. Nun die Pfännchen jeweils mit etwas Tomaten-Käse-Mischung füllen, unter die Grillvorrichtung schieben und das Ganze goldgelb überbacken.

PRAKTISCHER TIP

Tomaten mit Mozzarella passen zu nahezu allen Fisch-, Fleisch- und Geflügelgerichten sowie zu vegetarischen Leckerbissen vom heißen Stein oder aus dem Raclettepfännchen.

Infoblock

- Für das Raclette- oder das Kombigerät
- Arbeitszeit: ca. 15 Minuten
- Garzeit: ca. 10 Minuten
- 4 Portionen
- ca. 250 kcal je Portion

Zutaten

3 große, reife Fleischtomaten
½ Bund Basilikum
3 EL Olivenöl
etwas Salz
frisch gemahlener weißer Pfeffer
250 g Mozzarella
(2 Kugeln à 125 g)

GETRÄNKETIPS

Wenn Sie Ihrem Schlemmervergnügen mit den Tomatenpfännchen einen italienischen Charakter verleihen, sollten Sie auch einen Wein aus Italien wählen. Servieren Sie danach einen Grappa. Mit einem Espresso zum Abschluß ist das Essen perfekt.

KÄSEZUCCHINI

Infoblock

- Für das Raclette- oder Kombigerät
- Arbeitszeit: ca. 15 Minuten
- Garzeit: ca. 8 Minuten
- 4 Portionen
- ca. 250 kcal je Portion

Zutaten

500 g kleine, feste Zucchini
etwas Salz
frisch gemahlener weißer Pfeffer
etwas Worcestershiresauce
50 g süße Sahne
3 frische Eigelb
100 g geriebener Emmentaler
2 EL flüssige Butter

1 Die Zucchini putzen, waschen, trockenreiben und der Länge nach vierteln. Die Viertel quer in ganz dünne Scheiben schneiden, in eine Schüssel legen, salzen, pfeffern und mit Worcestershiresauce würzen.

2 Die Sahne zusammen mit den Eigelben, dem Käse und der Butter verrühren. Das Ganze über die Zucchini gießen und alles mischen. Die Zucchinimasse bereitstellen.

3 Das Kombi- oder Raclettegerät vorheizen. Jeweils etwas von der Zucchinimischung in die Pfännchen geben, unter die Grillvorrichtung schieben und goldgelb überbacken.

PRAKTISCHE TIPS

- Schneiden Sie die Zucchini sehr dünn, damit das Gemüse später gut durchgart.
- Die Käsezucchini passen gut zu gebratenem Fleisch, Geflügel oder Fisch vom heißen Stein oder aus dem Raclettepfännchen. Besondere Beispiele sind Lammspieße (Seite 146), marinierte Lammkoteletts mit Datteln (Seite 148), scharfe Hackfleischröllchen (Seite 144), creolische Hähnchenspieße (Seite 168), überbackene Hähnchenbrust (Seite 164), fruchtige Krabbenpfanne (Seite 172) oder feine Kräutermuscheln (Seite 174).

RAFFINIERTE BEILAGEN

KÄSEHERZEN

1 Mit dem Plätzchenausstecher aus den Brotscheiben 12 Herzen ausstechen. Die Brotherzen mit der Butter bestreichen und bereitstellen.

2 Den Käse je nach Sorte auf einer Reibe raspeln oder mit einer Gabel fein zerbröckeln, in Servierschüssel füllen und bereitstellen.

3 Das Raclette- oder Kombigerät vorheizen. Die Brotherzen in mit Butter ausgestrichene Pfännchen setzen, unter der Grillvorrichtung etwa 2 Minuten toasten.

4 Die Pfännchen herausnehmen und die Toasts mit den verschiedenen Käsesorten belegen. Das Ganze wieder zurück in die Grillvorrichtung schieben und goldgelb überbacken.

PRAKTISCHE TIPS

◆ Käse, der gut schmelzen soll, muß zwangsläufig einen hohen Fettgehalt haben. Achten Sie bei Ihrer Käseauswahl also auch auf die Fettprozente.

◆ Die Käseherzen passen gut zu gebratenem Fleisch, Geflügel, Fisch oder Gemüse vom heißen Stein und aus dem Raclettepfännchen.

◆ Servieren Sie zu üppigen Käsegerichten immer reichlich Stangenweißbrot und frische Blattsalate mit einfacher Essig-Öl-Marinade.

Infoblock

◆ Für das Raclette- oder Kombigerät
◆ Arbeitszeit: ca. 15 Minuten
◆ Garzeit: ca. 8 Minuten
◆ 4 Portionen
◆ ca. 560 kcal je Portion

Zutaten

Für die Herzen

8 Scheiben Weiß- oder Graubrot (z. B. Roggen- oder Gerstenbrot)
50 g Butter
200 g gemischter Käse am Stück (z. B. Bel Paese, Parmesan, Edamer, Gorgonzola)

Außerdem

1 großer Plätzchenausstecher in Herzform
etwas weiche Butter für die Pfännchen

231

AVOCADODIP

Infoblock

- Arbeitszeit: ca. 15 Minuten
- 4 Portionen
- ca. 320 kcal je Portion

Zutaten

3 reife Avocados
Saft von ½ Zitrone
150 g Naturjoghurt
etwas Salz
frisch gemahlener weißer Pfeffer
1 TL Worcestershiresauce
1 Spritzer Tabasco
1 Prise rosenscharfes Paprikapulver

1 Die Avocados schälen, halbieren, das Fruchtfleisch von den Kernen lösen, in eine Schüssel geben, mit einer Gabel grob zerdrücken und mit dem Zitronensaft verrühren. Den Joghurt hinzufügen und das Ganze fein pürieren.

2 Das Avocadomus mit etwas Salz, Pfeffer, den Würzsaucen und dem Paprikapulver kräftig abschmecken.

PRAKTISCHE TIPS

◆ Den Avocadodip erst kurz vor dem Servieren zubereiten. Das pürierte Fruchtfleisch verfärbt sich schnell bräunlich.

◆ Das bekannteste Avocadomus stammt aus der mexikanischen Küche und heißt Guacamole. Es wird zusammen mit saurer Sahne serviert.

GETRÄNKETIP

In Mexico wird zum Essen Bier, Wasser und Tequila serviert. Probieren Sie doch mal einen Agavenschnaps nach dem Essen. Dazu gut gekühlten Tequila in ebenso gut gekühlte Gläser füllen. Jeder streut sich etwas Salz auf den Handrücken und hält ein Zitronenachtel bereit. Das Salz ablecken, die Zitrone auslutschen und den Tequila in einem Zug austrinken.

RAFFINIERTE BEILAGEN

COCKTAILSAUCE MIT ERDNÜSSEN

1 Die Eigelbe zusammen mit dem Senf gut verrühren. Das Erdnußöl mit einem elektrischen Handrührgerät (auf höchster Stufe) in einem dünnen Strahl nach und nach unter die Ei-Senf-Mischung schlagen.

2 Die Mayonnaise mit Salz, Pfeffer und etwas Worcestershiresauce abschmecken. Zitrussäfte sowie beide Sorten Ketchup gut mit der Mayonnaise verrühren. Die Cocktailsauce mit etwas Zucker abschmecken und die Erdnußkerne darunterheben.

PRAKTISCHE TIPS

◆ Wenn es schnell gehen soll, dann verwenden Sie anstatt selbst hergestellter Mayonnaise doch mal ein Fertigprodukt. Es gibt auch leichte Mayonnaise. Das spart Kalorien.

◆ Die Cocktailsauce paßt zu gebratenem Fisch, Fleisch, Geflügel oder zu Gemüse vom heißen Stein.

Infoblock

◆ Arbeitszeit: ca. 15 Minuten
◆ 4 Portionen
◆ ca. 610 kcal je Portion

Zutaten

2 frische Eigelb
1 TL Dijon-Senf
200 ml Erdnußöl
etwas Salz
frisch gemahlener bunter Pfeffer
etwas Worcestershiresauce
Saft von ½ Zitrone
2 EL frisch gepreßter Orangensaft
2 EL Tomatenketchup
1 EL Zigeunerketchup
1 Prise Zucker
50 g gehackte, gesalzene Erdnußkerne

233

TI-MALICE-SAUCE

Infoblock

- ◆ Arbeitszeit: ca. 20 Minuten
- ◆ Garzeit: ca. 15 Minuten
- ◆ Zeit zum Marinieren: ca. 30 Minuten
- ◆ 4 Portionen
- ◆ ca. 180 kcal je Portion

Zutaten

4 mittelgroße Zwiebeln
Saft von 3 Limetten
6–8 Knoblauchzehen
3 frische rote Chilischoten
6 EL Pflanzenöl (z. B. Sonnenblumen- oder Distelöl)
etwas Salz
grob gemahlener schwarzer Pfeffer

1 Die Zwiebeln schälen, halbieren und in feine Scheiben schneiden. Die Zwiebelscheiben in eine Schüssel geben und mit Limettensaft beträufeln. Das Ganze abdecken und etwa 30 Minuten marinieren lassen.

2 Die Knoblauchzehen schälen und kleinwürfeln. Die Chilischoten waschen, trockenreiben, längs aufschlitzen, entkernen und fein hacken. Die Zwiebelstreifen in ein Metallsieb geben, abtropfen lassen und den Saft dabei auffangen.

3 Das Pflanzenöl in einem Topf erhitzen. Die Zwiebelscheiben hinzufügen und etwa 10 Minuten bei niedriger Hitze dünsten.

4 Die Knoblauch- und Chiliwürfel hinzufügen und darunterrühren. Die Sauce salzen, pfeffern und mit dem Limettensaft aufgießen.

5 Die feurige Zwiebelsauce nochmals abschmecken, dann warm stellen und später lauwarm servieren.

PRAKTISCHE TIPS

◆ Im Original wird die Ti-Malice-Sauce mit Annatoöl zubereitet. Dabei handelt es sich um ein Pflanzenöl, das mit gehackten, scharfen Samenkörnern des Annatobaumes versetzt wird. Ein Tip: Legen Sie etwa 10 gehackte Knoblauchzehen und 2 halbierte frische Chilischoten für 3 bis 5 Tage in etwa ¼ l Pflanzenöl ein. Verwenden Sie das Öl für scharfe Gerichte oder für Saucen wie z. B. die Ti-Malice-Sauce.

◆ Die scharfe Ti-Malice-Sauce paßt zu gebratenem Fleisch, Geflügel und zu Gemüse vom heißen Stein, wenn die Gerichte einen Hauch Exotik erhalten sollen. Aus diesem Grund ist sie natürlich ein Bestandteil unserer karibischen Party (Seite 244 bis 249).

GETRÄNKETIP

Sollte zuviel Chili Ihren Gaumen überfordern, dann hilft brauner Zucker bestens. Mein Rezept: Servieren Sie eisgekühltes Tafelwasser mit frisch gepreßtem Limettensaft zu scharfen Gerichten. Zu jedem Glas Limettenwasser ein Limettenachtel mit etwas braunem Zucker bestreut servieren. Den Zitronensaft herauslutschen. Dabei stets unbehandelte Limetten verwenden.

RAFFINIERTE BEILAGEN

MOKKACREME MIT GEBRATENER MANGO

Infoblock

- Für das Raclettegerät
- Arbeitszeit: ca. 40 Minuten
- Kühlzeit: ca. 2 Stunden
- 4 Portionen
- ca. 530 kcal je Portion

Zutaten

3 frische Eier
50 g Zucker
80 g zimmerwarme Butter
50 ml starker Espresso
50 g Kakaopulver
4 cl weißer Rum
etwas Salz
100 g Sahne
1 große, reife Mango
50 ml Grenadine (Granatapfelsirup)
Saft von 1 Limette
50 g Kokosraspel

1 Die Eier trennen. Die Eigelbe zusammen mit dem Zucker cremig rühren. Die Butter und den Espresso zusammen in eine hitzebeständige Schüssel geben.

2 In einem Topf Wasser für ein Wasserbad aufkochen lassen. Die Hitze herunterschalten und das Wasser leise köcheln lassen. Die Schüssel in das Wasserbad hängen und alles kräftig rühren, bis eine Creme entsteht. Das Kakaopulver sowie den Rum hinzufügen.

3 Die Schüssel vom Wasserbad nehmen und die Mokkacreme kurz rühren, bis sie kalt ist. Dann die Eigelbmischung darunterziehen.

4 Die Eiweiße zusammen mit etwas Salz zu steifem Schnee schlagen. Diesen vorsichtig unter die Mokkacreme heben. Die Sahne steif schlagen und ebenfalls darunterheben. Die Mokkacreme mit Klarsichtfolie abdecken und für etwa 2 Stunden in den Kühlschrank stellen.

5 Die Mango schälen. Das Fruchtfleisch vom Stein schneiden und in dünne Scheiben schneiden. Diese auf eine Platte legen, mit Grenadine sowie Limettensaft beträufeln und bereitstellen. Die Kokosraspel auf einen Teller geben und zusammen mit der Mokkacreme ebenfalls bereitstellen.

6 Das Raclettegerät vorheizen. Die Mangoscheiben in den Kokosflocken wenden und in die Raclettepfännchen geben. Diese unter die Grillvorrichtung schieben und die Fruchtscheiben von beiden Seiten goldbraun backen (die Scheiben wendet man am besten mit einer Kuchengabel). Das gebackene Obst zusammen mit der Mokkacreme auf Teller geben.

REZEPTVARIATION

Falls Sie kein Raclettegerät besitzen, können Sie das Gericht folgendermaßen zubereiten:
Die Mangoscheiben, wie im Rezept beschrieben, mit Grenadine und Limettensaft marinieren, kalt stellen und später zusammen mit der Mokkacreme servieren. Diese mit Kokosraspeln bestreuen.

PRAKTISCHER TIP

Wenn Kinder mitessen, dann lassen Sie bei der Mokkacreme einfach den weißen Rum weg.

VERFÜHRERISCHE DESSERTS

GETRÄNKETIP

Dieses Dessert eignet sich hervorragend für eine karibisch-exotische Racletteparty. Dieses Flair können Sie durch ein passendes Getränk unterstreichen. Servieren Sie Ihren Gästen folgenden Drink: Für 1 Glas 4 cl Coco nut Cream (Kokoscreme) zusammen mit 2 cl weißem Rum, 2 cl Curaçao blue und 3 bis 4 Eiswürfeln im Shaker schütteln. Den Drink dann in ein Longdrinkglas seihen, etwas zerstoßenes Eis dazugeben und den Drink mit Ananassaft auffüllen. Den Glasrand mit Fruchtstücken garnieren.

ROTWEINBIRNEN MIT MASCARPONE

Infoblock

- ◆ Für das Raclettegerät
- ◆ Arbeitszeit: ca. 20 Minuten
- ◆ Garzeit: ca. 15 Minuten
- ◆ 4 Portionen
- ◆ ca. 380 kcal je Portion

Zutaten

4 mittelgroße Birnen
½ l trockener Rotwein
Saft von ½ Zitrone
60 g Zucker
1 Päckchen Vanillezucker
½ Zimtstange
200 g Mascarpone
(italienischer Frischkäse)
2 frische Eigelbe
2 EL Orangenlikör
etwas Puderzucker

1 Die Birnen schälen, der Länge nach halbieren und die Kerngehäuse herausschneiden. Den Rotwein in einem Topf mit Zitronensaft, Zucker und Vanillezucker verrühren. Die Zimtstange dazugeben.

2 Die Rotweinmischung aufkochen lassen, die Birnenhälften hineinlegen und bei schwacher Hitze etwa 10 Minuten zugedeckt ziehen lassen. Die weichgekochten Birnenhälften in einem Sieb abtropfen lassen. Sie dann in feine Fächer schneiden, auf einer Servierplatte anrichten und bereitstellen.

3 Den Mascarpone in eine Schüssel geben und zusammen mit den Eigelben und dem Orangenlikör verrühren und bereitstellen.

4 Das Raclettegerät vorheizen. Jeweils 1 Birnenfächer in ein Pfännchen geben und etwas Mascarponecreme darauf verteilen. Die Pfännchen unter die Grillvorrichtung schieben und die Birnen goldgelb gratinieren.

5 Die Birnen dann mit etwas Puderzucker bestäuben und noch einmal kurz zum „Überglänzen" unter die Grillvorrichtung schieben.

VERFÜHRERISCHE DESSERTS

BESCHWIPSTE ERDBEEREN

1 Die Erdbeeren verlesen, waschen, putzen und mit Küchenkrepp trockentupfen. Die Beeren je nach Größe, in Viertel oder in Scheiben schneiden und in einer Schale bereitstellen.

2 Den Mascarpone mit dem Sesam und dem Zucker glattrühren. Die Creme in eine Schüssel geben und bereitstellen. Dann Orangenlikör und Puderzucker getrennt in Schälchen auf den Tisch stellen.

3 Das Raclettegerät vorheizen. Jeweils einige Erdbeerstücke in ein Pfännchen geben, mit Orangenlikör beträufeln und mit etwas Puderzucker bestäuben. Dann noch etwas Mascarponecreme darauf geben. Die Pfännchen unter die Grillvorrichtung schieben und die Erdbeeren goldgelb überbacken.

REZEPTVARIATION

◆ Anstelle der Erdbeeren können Sie für dieses Dessert auch andere Beeren nehmen, z. B. Himbeeren, Brombeeren oder Heidelbeeren. Mit gemischten Beeren schmeckt das Ganze ebenfalls sehr gut.

◆ Statt des Sesams können Sie auch gehobelte Mandeln verwenden.

Infoblock

◆ Für das Raclettegerät
◆ Arbeitszeit: ca. 20 Minuten
◆ Garzeit: 5–8 Minuten
◆ 4 Portionen
◆ ca. 280 kcal je Portion

Zutaten

500 g Erdbeeren
100 g Mascarpone
(italienischer Frischkäse)
50 g Sesam
1 EL Zucker
5 EL Orangenlikör
etwas Puderzucker

GETRÄNKETIP

Zu diesem fruchtigen Dessert paßt ein gekühlter Prosecco oder trockener Sekt sehr gut. Hübsch sieht es aus, wenn Sie dabei in jedes Sektglas eine Beere geben.

PFIRSICHE MIT ZIMTSCHAUM

Infoblock

- Für das Raclettegerät
- Arbeitszeit: ca. 30 Minuten
- 4 Portionen
- ca. 270 kcal je Portion

Zutaten

8 kleine, vollreife Pfirsiche
4 frische Eigelbe
100 g Zucker
½ Vanilleschote
etwas abgeriebene Schale einer unbehandelten Zitrone
100 ml Marsala (italienischer Dessertwein)
2 EL Pfirsichsaft
gemahlener Zimt nach Geschmack

GETRÄNKETIPS

Servieren Sie zu den überbackenen Pfirsichen Espresso oder Cappuccino. Wer etwas Alkoholisches reichen möchte, bietet seinen Gästen einen Amaretto oder einen Nußlikör an.

1 Die Pfirsiche über kreuz einschneiden, kurz in kochendes Wasser legen, dann abschrecken und die Haut abziehen. Die Früchte halbieren, entsteinen, auf einer Platte anrichten und bereitstellen.

2 Für den Zimtschaum die Eigelbe mit dem Zucker in einer hitzebeständigen Schüssel verquirlen. Die Vanilleschote der Länge nach aufschneiden und das Mark mit einem spitzen Messer herauskratzen. Zitronenschale, Vanillemark, Marsala und Pfirsichsaft gleichmäßig unter die Eigelbmasse rühren.

3 Die Schüssel in ein Wasserbad hängen und die Eiermischung mindestens 5 Minuten kräftig mit dem Schneebesen aufschlagen, bis ein cremiger Schaum entsteht.

4 Die Schüssel vom Wasserbad nehmen und die Creme so lange weiterschlagen, bis sie kalt ist. Sie dann mit Zimt abschmecken, in eine Schale füllen und bereitstellen.

5 Das Raclettegerät vorheizen. Jeweils 1 Pfirsichhälfte mit der Schnittfläche nach oben in ein Pfännchen geben und etwas Zimtschaum darauf verteilen. Die Pfännchen unter die Grillvorrichtung schieben und die Pfirsiche goldbraun überbacken.

BEILAGENTIP

Servieren Sie zu den überbackenen Pfirsichen Schokoladen-, Nußkrokant- oder Mokkaeis. Zusätzlich können Sie Vanille- oder Schokoladenwaffeln sowie Waffelröllchen und Amaretti (italienische Mandelplätzchen) dazu reichen.

REZEPTVARIATIONEN

◆ Wenn es schnell gehen soll, können Sie statt der frischen Pfirsiche auch solche aus dem Glas oder der Dose nehmen. Fangen Sie beim Abtropfen der Früchte den Saft auf, denn Sie können ihn für die Zubereitung des Zimtschaums nehmen.

◆ Das Gericht läßt sich auch mit anderen Früchten zubereiten, z. B. mit Aprikosen, Nektarinen, Birnen, Bananen, Pflaumen und Feigen. Je nach Obstsorte die Früchte schälen oder enthäuten und entsteinen. Die Birnenhälften sollten Sie vor dem Überbacken in wenig Weißwein nur knapp weichdünsten.

◆ Statt des Pfirsichsaftes können Sie für den Zimtschaum auch einen fruchtigen Weißwein nehmen.

PRAKTISCHER TIP

Da der Zimtschaum rohe Eigelbe enthält, sollte er am Tag der Zubereitung serviert und verzehrt werden.

VERFÜHRERISCHE DESSERTS

KROKANTBANANEN

Infoblock

- Für den heißen Stein
- Arbeitszeit: ca. 10 Minuten
- Garzeit: ca. 10 Minuten
- 4 Portionen
- ca. 330 kcal je Portion

Zutaten

Für die Bananen

4 große, reife Bananen
80 g Krokantsplitter oder gehackte Walnüsse
je 50 ml Schokoladen- und Karamelsauce (Fertigprodukte)

Außerdem

4 große Stücke Alufolie

1 Die Bananen schälen. Jeweils auf der nach innen gewölbten Seite mit einem Messer einen tiefen Spalt in die Banane schneiden.

2 Die Krokantsplitter oder die gehackten Walnüsse jeweils in den Spalt geben. Dann jede Banane fest in ein Stück Alufolie einwickeln und bereitstellen.

3 Den heißen Stein vorheizen. Die Bananen darauf legen und etwa 10 Minuten von beiden Seiten braten. Sie dann auswickeln und vorsichtig auf Teller legen.

BEILAGENTIP

Servieren Sie die heißen Bananen zusammen mit Vanilleeis.

REZEPTVARIATIONEN

◆ Falls Sie Ihren Gästen neben den Krokantbananen auch die Mokkacreme mit gebackenen Mango (Seite 236) servieren, dann können Sie diese Creme gut anstelle der Schokoladen- oder Karamelsauce nehmen.

◆ Wenn Sie Erdnußbutter mögen, dann reichen Sie diese anstelle der Karamelsauce zu den Bananen.

VERFÜHRERISCHE DESSERTS

MARZIPANÄPFEL

1 Die Äpfel schälen, vierteln, entkernen und in dünne Scheiben schneiden. Rum, Zitronensaft und Zucker miteinander verrühren, mit den Rosinen, den Mandelblättchen und den Apfelscheiben mischen, das Ganze in eine Schale geben und bereitstellen.

2 Das Ei trennen. Das Marzipan in grobe Stücke schneiden. Die Sahne leicht erwärmen und das Marzipan darin unter Rühren auflösen, so daß eine Creme entsteht.

3 Das Eigelb unter die Marzipancreme rühren. Das Eiweiß steifschlagen und darunterheben. Die Creme in einer Schale bereitstellen. Die flüssige Butter ebenfalls bereitstellen.

4 Das Raclettegerät vorheizen. Jeweils etwas von der Apfelmischung in ein Raclettepfännchen geben, etwas Marzipancreme darauf verteilen und mit etwas flüssiger Butter beträufeln. Die Pfännchen unter die Grillvorrichtung schieben und die Äpfel goldgelb überbacken.

GETRÄNKETIP

Zu diesem feinen Dessert mit Marzipan und Äpfeln paßt ein Espresso oder ein Cappuccino sehr gut.

Infoblock

- ◆ Für das Raclettegerät
- ◆ Arbeitszeit: ca. 30 Minuten
- ◆ Garzeit: ca. 15 Minuten
- ◆ 4 Portionen
- ◆ ca. 300 kcal je Portion

Zutaten

2 mittelgroße Äpfel, z. B. Jonathan
2 EL Rum
Saft von ½ Zitrone
1 EL Zucker
2 EL Rosinen
2 EL Mandelblättchen
1 frisches Ei
50 g Marzipanrohmasse
100 g Sahne
1 EL flüssige Butter

KARIBISCHER PARTYSPASS

Entführen Sie Ihre Gäste mal in die kulinarische Inselwelt der Karibik. Wir stellen Ihnen auf den folgenden Seiten ein exotisches Menü für 4 Personen vor. Köstlichkeiten aus dem Raclettegerät und vom heißen Stein dürfen natürlich nicht fehlen.

Organisation? Kein Problem, ein genauer Zeitstreckenplan weist Ihnen den richtigen Weg. Alles läßt sich prima vorbereiten, so daß Sie den geselligen Abend in aller Ruhe genießen können.

Tischdekoration und Getränkeauswahl? Auch hierzu finden Sie pfiffige, wohl ausgesuchte Ideen, die für das nötige Flair sorgen.

Und das wird serviert

Papaya-Tomaten-Pfännchen
Creolische Hähnchenspieße
Hummerkrabben auf
karibische Art

———

Ananassalat mit Zwiebeln
Bunter Hähnchenbrustsalat
Creolischer Reis
Ti-Malice-Sauce

———

Mokkacreme mit gebratener
Mango

HIGHLIGHT

Schlemmervergnügen mit karibischem Flair

Wenn Gäste kommen

Ihre Gäste mit Leckerbissen aus dem Raclettegerät und vom heißen Stein verwöhnen, das kennen Sie, das lieben Sie. Wen wundert es? Denn diese Art der Gästebewirtung ist so praktisch und kommt immer ganz groß an. Und doch sind Sie ständig auf der Suche nach etwas Besonderem, damit keine Langeweile aufkommt. In diesem Kapitel werden Sie fündig. Wir haben für Sie eine karibische Party für 4 Personen zusammengestellt. Das war gar nicht so schwer, denn alle notwendigen Rezepte finden sich in diesem Buch. Sie benötigen ein Kombigerät oder ein Raclettegerät und einen heißen Stein. Die Gerichte lassen sich einfach und zeitig vorbereiten. Ein Organisationsplan (Seite 249) hilft Ihnen dabei.

Die karibische Atmosphäre für Ihr Partyvergnügen wird durch ausgesuchte Dekorationselemente gezaubert. Hier läßt sich bereits mit wenigen Mitteln eine große Wirkung erzielen. Der Dekorationsaufwand ist selbstverständlich durch die zur Verfügung stehende Zeit und das dafür vorgesehene Kleingeld individuell variabel. Ihrer eigenen Phantasie und Ihren speziellen Wünschen sind keine Grenzen gesetzt. Werden Sie selbst kreativ.

Die richtige Stimmung wird gleich zu Beginn der Party durch entsprechende Rhythmen und exotische Cocktails erzeugt.

Die Tischdekoration

Wählen Sie eine unifarbene Tischdecke in einem sehr kräftig leuchtenden Farbton (z. B. pink, gelb oder blau) aus. Achten Sie darauf, daß die Decke schwer entflammbar ist, da es unter den Partygeräten recht warm wird und auch mal ein heißes Pfännchen achtlos auf dem Tisch abgestellt wird. Das Geschirr (Eßteller, eventuell Platzteller, Schüsseln und Schälchen) sollte möglichst weiß und das Besteck schlicht (aus Edelstahl) sein. Wenn Sie Gläser in passenden Farben besitzen, stellen Sie diese dazu. Schlichte tun es allerdings auch. Schmücken Sie diese mit farbigen Stohhalmen, Papierschirmchen, -rosetten oder -palmen. Ziehen Sie weiße oder bunte (mit Blumen- oder Früchtemotiven) Papierservietten durch farbige Serviettenringe aus Holz. Unser Tip: Es gibt auch wunderschöne hölzerne Serviettenringe in Form von Tieren (z. B. Hummer oder Fische) oder Obst in leuchtenden Farben.

Verteilen Sie bunte Kieselsteine und Muscheln rund um die Gedecke. Sie sollten diese einige Tage zuvor gründlich säubern, mit Acryllack bemalen und gut trocknen lassen.

Sie können die Dekoration mit karibischem Touch natürlich um Ihre eigenen Ideen erweitern. Ihrer Phantasie sind keine Grenzen gesetzt.

HIGHLIGHT

Das Tischdecken

Durch die Fülle von Zutaten und die Tischgeräte werden Sie selbst in einer kleinen Runde schnell Platzprobleme auf Ihrem Tisch bekommen. Am besten eignet sich ein runder oder ovaler Eßtisch, in dessen Mitte Sie das Kombigerät oder das Raclettegerät und den heißen Stein plazieren. Rundherum verteilen Sie dann die Zutaten und Beilagen. Im äußeren Kreis finden die einzelnen Gedecke und die Tischdekoration ihren Platz. Und schon kann es sein, daß Ihr Tisch „überladen" ist. Wir empfehlen Ihnen deshalb ein bis zwei kleine Beistelltische, auf denen vor allem Beilagen und Getränke ausweichen sollten. So hat jeder mehr Bewegungsfreiheit, und die Dekoration kommt besser zur Geltung.

Sonstige Dekoration

Wenn Sie ein perfektes Ambiente wollen, schlagen wir Ihnen folgende zusätzliche Dekorationselemente vor. Hängen Sie bunte Papiergirlanden kreuz und quer im Zimmer auf. Ein oder mehrere Körbe mit exotischen Obstsorten (wie z. B. Baby-Bananen, Papayas, Sternfrüchte, Baby-Ananas und Limetten) sind ein schöner Blickfang und bieten zu fortgeschrittener Stunde einen kleinen Imbiß. Schmücken Sie einen Zimmerbambus, einen Hibiskus, eine Ananaspflanze oder andere Topfpflanzen mit farbenfrohen Bändern, bunten Federn oder Lametta. Verteilen Sie bunte Holzfiguren (z. B. Papageien und andere Vögel) an Stäben in Blumenvasen oder -töpfen. Solche Dekostäbe bekommen Sie in Kaufhäusern, Geschenkläden oder im Blumengeschäft. Exotisch anmutende Schnittblumen, wie z. B. Lilien, Bananen- oder Strelitziablüten (Papageienblume), schaffen eine besondere Atmosphäre und duften vielleicht sogar.

Sie sehen, vieles ist möglich. Entscheiden Sie und gestalten Sie ganz individuell.

Die Getränketips

◆ Als Aperitif empfehlen wir Ihnen zwei exotische Cocktails. Und damit auch die Autofahrer und Kinder sich so richtig auf die karibische Party einstimmen können, ist ein Drink ohne Alkohol dabei.

◆ Für 1 Glas „Cuba Libre" 3 bis 5 Eiswürfel, den Saft einer ½ Limette und 5 cl weißen Rum in ein Longdrinkglas geben. Das Ganze mit etwa ¼ l gut gekühltem Colagetränk aufgießen und mit einer Limettenspalte garnieren.

◆ Für 1 Glas „Coconut Dream" 2 Eiswürfel, 2 cl Kokosnußcreme, den Saft einer ½ Orange und 10 cl Ananasnektar in einen Shaker geben, kräftig schütteln, den Drink in eine gekühlte Sektschale gießen und mit einigen Kokosraspeln bestreuen.

◆ Zum Essen sollten Sie neben Mineralwasser mit Eiswürfeln und frisch gepreßtem Limettensaft, kühles Pils und einen trockenen Weißwein bereithalten. Wenn Sie möchten, servieren Sie eine Bowle mit exotischen Früchten. Dazu 1 Mango, ½ Ananas und 4 Feigen schälen und kleinschneiden. Etwa 8 unbehandelte Kumquats (Zwergorangen) und 1 Karambole (Sternfrucht) abwaschen und gut trockenreiben. Die Kumquats halbieren, die Karambole in Scheiben schneiden, alle Früchte in ein Bowlegefäß geben, mit etwa 2 EL Zucker bestreuen und mit gut ½ l Maracujanektar begießen. Alles etwa 1 Stunde kühl stellen. Die Bowle vor dem Servieren mit 2 Flaschen kaltem Sekt – mit oder ohne Alkohol – aufgießen.

◆ Servieren Sie hinterher Espresso und Kaffee. Wer mag, kann seinen Kaffee mit 1 Schuß weißem Rum, Sahnehäubchen und etwas Kakaopulver genießen.

Tips und Tricks

◆ Wenn Freunde und Bekannte sich als freiwillige Helfer für die Vorbereitungen anbieten, schlagen Sie dies nicht aus. Es gibt genug zu tun, und zu mehreren macht die Arbeit gleich doppelt Spaß. Schließlich ist der Posten des Tellerwäschers fast immer zu vergeben. Bei aller Teamarbeit muß allerdings einer Chef in der Küche bleiben, damit nichts schief geht.

◆ Unser vorgestelltes Schlemmervergnügen ist für 4 Personen gedacht. Sollten Sie eine Party für mehr Personen ausrichten, dann vervielfachen Sie die Zutatenmengen ganz einfach entsprechend.

◆ Wenn Raclette-, Kombigerät oder heißer Stein mehrere Stunden in Betrieb sind, kann es für Tischplatte und Tischdecke ganz schön heiß werden. Stellen Sie die Geräte zur Sicherheit auf entsprechend große Holzbretter.

◆ Getränke sollten nicht in unmittelbarer Nähe der Elektrogeräte stehen. Sie würden schnell warm werden. Stellen Sie sie auf einem Beistelltisch bereit. Getränke in Flaschen am besten in Sekt- oder Weinkühlern aufbewahren.

◆ Zusätzlich zur Ti-Malice-Sauce können Sie exotische Chutneys, Relishes und süß-saure Pickles servieren.

◆ Unterstreichen Sie Ihre Party mit karibischen Rhythmen, wie z. B. Reggae-, Salsa- oder Sambamusik.

Das richtige Timing

Damit die Vorbereitungen für Ihr karibisches Fest reibungslos über die Bühne gehen und keine Hektik aufkommt, haben wir Ihnen den folgenden Organisationsplan ausgearbeitet. Es soll ja alles fix und fertig auf dem Tisch stehen, wenn die Gäste eintreffen. Dann können Sie den exotischen Abend in geselliger Runde voll und ganz genießen. Schließlich wollen auch Sie Ihr Vergnügen haben.

Beachten Sie bitte, daß wir bei der Zeitplanung davon ausgegangen sind, daß Ihnen in der Küche ein fleißiger Helfer zur Verfügung steht. Zu zweit macht es einfach mehr Freude. Falls Sie die Vorbereitungen allein treffen wollen, sollten Sie sich einen entsprechend größeren Zeitpuffer einräumen.

Unser spezieller Tip: Kopieren Sie sich den Organisationsplan, und hängen Sie ihn in Ihre Küche. Dann können Sie sich stets umgehend orientieren.

HIGHLIGHT

Organisationsplan

◆ 4 WOCHEN VOR DER PARTY
Einladungen verschicken, Dekorationen festlegen, Material besorgen.

◆ 3 TAGE VOR DER PARTY
Einkaufsliste schreiben und die haltbaren Zutaten bereits besorgen.

◆ 2 TAGE VOR DER PARTY
Eiswürfelbehälter füllen und in den Gefrierschrank stellen. Die Bar sortieren, damit alles für die Cocktails vorhanden ist. Das Kombigerät oder den heißen Stein und das Raclettegerät auf Funktionstüchtigkeit prüfen.

◆ 1 TAG VOR DER PARTY
Die restlichen Einkäufe erledigen. Am Abend den Tisch decken und dekorieren. Die Getränke kühlstellen. Die Garderobe leerräumen. Aus dem Musikschrank heiße Rhythmen auswählen. Die Cocktails ausprobieren.

◆ 5¼ STUNDEN VOR DEM ESSEN
Ganz entspannt mit Reggaemusik im Ohr in Richtung Küche „tanzen". Die Mokkacreme (Seite 236) herstellen, mit Klarsichtfolie abdecken und in den Kühlschrank stellen. Die Mangos erst später vorbereiten.

◆ 4½ STUNDEN VOR DEM ESSEN
Den Ananassalat mit Zwiebeln (Seite 214) zubereiten, mit Klarsichtfolie abdecken und kalt stellen.

◆ 4 STUNDEN VOR DEM ESSEN
Die Hummerkrabben und die Chilisauce (Seite 170) vorbereiten. Die Sauce kurz vor dem Essen nochmals erwärmen. Die creolischen Hähnchenspieße (Seite 168) vorbereiten und marinieren lassen.

◆ 3 STUNDEN VOR DEM ESSEN
Die Ti-Malice-Sauce (Seite 234) und den creolischen Reis (Seite 218) zubereiten. Beides abdecken und später im Backofen bei etwa 50°C warm halten.

◆ 2 STUNDEN VOR DEM ESSEN
Die Bowle ansetzen. Den bunten Hähnchenbrustsalat (Seite 216) zubereiten und die Tomaten-Papaya-Pfännchen (Seite 198) vorbereiten. Die Mangos für das Dessert (Seite 236) vorbereiten.

◆ ½ STUNDE VOR DEM ESSEN
Die Hummerkrabben und die Geflügelspieße aus der Marinade nehmen. Die Chilisauce für die Hummerkrabben nochmals erwärmen. Alle vorbereiteten Zutaten anrichten und auf den Tisch stellen.

◆ WENN DIE GÄSTE KOMMEN
Die Cocktails mixen und servieren. Die Partygeräte vorheizen.

REZEPTVERZEICHNIS FONDUES NACH ZUTATEN

Fettfondues

Auberginen-Zucchini-Fondue 56

Fischbällchenfondue 42

Fondue, kalifornisches 76

Fondue, orientalisches 78

Fondue Bourguignonne 12

Fondue mit Meeresfrüchten 40

Gemüsefondue, italienisches 66

Gemüsefondue in Bierteig 58

Hackfleischfondue, knuspriges 28

Mozzarella-Schinken-Fondue 34

Pellkartoffelfondue 44

Pilzfondue 52

Puten-Obst-Fondue 32

Tempura 20

Wurstfondue, ungarisches 74

Brühefondues

Bourdéto aus Korfu 70

Champagnerfondue 24

Feuertopf, koreanischer 60

Feuertopf, mongolischer 16

Feuertopf mit dreierlei Geflügel 30

Fondue, süß-saures 38

Fondue, vietnamesisches 64

Fondue Chinoise 22

Shabu-Shabu, japanisches 68

Spinat-Punsch-Fondue 36

Sukiyaki 62

Tofufondue 50

Tomaten-Spargel-Fondue 48

Winzerfondue 26

Fondues mit Fleisch und Geflügel

Champagnerfondue 24

Feuertopf, koreanischer 60

Feuertopf, mongolischer 16

Feuertopf mit dreierlei Geflügel 30

Fondue, kalifornisches 76

Fondue, orientalisches 78

Fondue, süß-saures 38

Fondue, vietnamesisches 64

Fondue Bourguignonne 12

Fondue Chinoise 22

Hackfleischfondue, knuspriges 28

Mozzarella-Schinken-Fondue 34

Pellkartoffelfondue 44

Puten-Obst-Fondue 32

Shabu-Shabu, japanisches 68

Spinat-Punsch-Fondue 36

Sukiyaki 62

Winzerfondue 26

Wurstfondue, ungarisches 74

Käsefondues

Fonduta 18

Käsefondue, holländisches 72

Käsefondue, Neuenburger 14

Oliven-Käse-Fondue 54

Paprika-Käse-Fondue 46

REZEPTVERZEICHNIS

Fondues mit Fisch und Meeresfrüchten

Bourdéto aus Korfu 70
Feuertopf, koreanischer 60
Fischbällchenfondue 42
Fondue, kalifornisches 76
Fondue mit Meeresfrüchten 40
Gemüsefondue, italienisches 66
Tempura 20

Vegetarische Fondues

Auberginen-Zucchini-Fondue 56
Gemüsefondue in Bierteig 58
Oliven-Käse-Fondue 54
Paprika-Käse-Fondue 46
Pilzfondue 52
Tofufondue 50
Tomaten-Spargel-Fondue 48

Süße Fondues

Eisfondue 82
Exotisches Fondue 90
Kinderfondue 88
Sahnefondue, buntes 80
Schokoladen-Kumquat-Fondue 84
Traubenfondue 86

Saucen

Avocadosauce 107
Bananen-Curry-Sauce 92
Basilikumpesto 95
Cumberlandsauce 105
Gemüserelish 98
Kiwichutney 99
Kräutersauce, Pariser 96
Limettendip 100
Mangodip 97
Nuß-Sauce 102
Paprikacreme 94
Pflaumenketchup 106
Sauce, süß-saure 104
Tatarensauce 103
Tomaten-Joghurt-Sauce 101
Zwiebelsauce, feurige 93

Beilagen

Auberginen-Paprika-Salat 114
Blattsalat, bunter 110
Brokkolisalat 108
Chinakohl-Mandarinen-Salat 116
Fenchelsalat mit Orangen 112
Klebreis 125
Kohlrollen, süß-saure 120
Möhrensalat, bunter 109
Radieschen-Sprossen-Salat 115
Rauke-Tomaten-Salat 117
Rettich-Tomaten-Salat 113
Senfgemüse, englisches 118
Zucchini, marinierte 121

Brühen

Geflügelbrühe 10
Gemüsebrühe 10
Kalbsbrühe 10
Rinderbrühe 10

251

REZEPTVERZEICHNIS
RACLETTE UND HEISSER STEIN NACH ZUTATEN

Mit Fleisch

- Hackfleischröllchen mit Knoblauchbutter   144
- Kalbsschnitzel mit Austernpilzen   138
- Käseburger   154
- Lammfleischspieße   146
- Leberspieße mit Apfelsauce   142
- Marinierte Lammkoteletts mit Datteln   148
- Schweinekoteletts mit Käsenudeln   136
- Schweinelendchen mit Artischockenpfanne   134
- Viertelpfünder mit Sauce Béarnaise   140

Mit Wurst & Schinken

Ananassalat mit Zwiebeln (B)   214
Bunter Hähnchenbrustsalat (B)   216
- Hähnchenpfännchen   164
Partybrötchen (B)   226
- Schweizer Raclette   150
Spargelpfännchen mit vier Sorten Schinken   152
- Wurstpfanne mit Johannisbeersahne   156

Mit Geflügel

Bunter Hähnchenbrustsalat (B)   216
- Creolische Hähnchenspieße   168
- Entenbrüstchen mit gefüllten Crêpes   158
- Fruchtige Geflügelspieße   166
- Hähnchenpfännchen   164
- Marinierte Gänseschnitzelchen   160
- Pute mit Thunfischdip   162

Mit Fisch

- Fischburger   186
- Gratinierte Schollenfilets mit Garnelen   184
- Pute mit Thunfischdip   162
- Rotbarschstreifen in Senfbutter   180
- Überbackene Lachsscheiben   182
- Waller mit Kräutersauce   178

Mit Meeresfrüchten

- Fruchtige Krabbenpfännchen   172
- Gratinierte Kräutermuscheln   174
- Gratinierte Meeresfrüchte   176
- Gratinierte Schollenfilets mit Garnelen   184
- Hummerkrabben auf karibische Art   170

Mit Gemüse

Ananassalat mit Zwiebeln (B)   214
Bunter Hähnchenbrustsalat (B)   216
- Gratinierte Auberginen   188
- Gratinierte Gemüsestreifen   192
- Gratiniertes Mais-Tomaten-Gemüse   194
- Gratiniertes Sprossenallerlei (B)   228
- Kartoffel-Kräuter-Burger   208
- Kartoffelspieße mit Lauch   200
- Käsezucchini (B)   230
- Paprika mit Gorgonzola   196
- Reispflänzchen mit Brokkoli   210
- Schweinelendchen mit Artischockenpfanne   134
- Schweizer Raclette   150
- Spargelpfännchen mit vier Sorten Schinken   152
- Ti-Malice-Sauce (S)   234
- Tomaten mit Mozarella (B)   229
- Tomaten-Papaya-Pfännchen   198
- Wurstpfanne mit Johannisbeersahne   156
- Zucchinispieße   204

Mit Pilzen

Champignonrisotto (B)   220
- Kalbsschnitzel mit Austernpilzen   138
- Pilzfrikadellen   202
- Überbackene Käsechampignons   190

252

REZEPTVERZEICHNIS

Mit Kartoffeln oder Nudeln

- Kartoffel-Kräuter-Burger   208
- Kartoffelspieße mit Lauch   200
- ■ ■ Kaviarspaghetti (B)   222
- Oliven-Kartoffel-Creme (B)   224
- Rotbarschstreifen in Senfbutter   180
- Schweinekoteletts mit Käsenudeln   136
- Schweizer Raclette   150
- Überbackene Lachsscheiben   182

Mit Reis oder Getreide

- Champignonrisotto (B)   220
- Creolischer Reis (B)   218
- Entenbrüstchen mit gefüllten Crêpes   158
- Kartoffel-Kräuter-Burger   208
- ■ ■ Käseherzen (B)   231
- Partybrötchen (B)   226
- Pilzfrikadellen   202
- Reispflänzchen mit Brokkoli   210
- Überbackene Grünkernküchlein   212

Mit Käse

- Beschwipste Erdbeeren (D)   239
- Englische Bierpfanne   206
- Fruchtige Geflügelspieße   166
- Gratinierte Auberginen   188
- Gratinierte Gemüsestreifen   192
- Gratinierte Kräutermuscheln   174
- Gratinierte Schollenfilets mit Garnelen   184
- Gratiniertes Mais-Tomaten-Gemüse   194

- ■ ■ Gratiniertes Sprossenallerlei (B)   228
- Hähnchenpfännchen   164
- Kalbsschnitzel mit Austernpilzen   138
- Kartoffel-Kräuter-Burger   208
- Käseburger   154
- ■ ■ Käseherzen (B)   231
- ■ ■ Käsezucchini (B)   230
- Paprika mit Gorgonzola   196
- Reispflänzchen mit Brokkoli   210
- Rotweinbirnen mit Mascarpone (D)   238
- Schweinekoteletts mit Käsenudeln   136
- Schweinelendchen mit Artischockenpfanne   134
- Schweizer Raclette   150
- Spargelpfännchen mit vier Sorten Schinken   152
- ■ ■ Tomaten mit Mozarella (B)   229
- Tomaten-Papaya-Pfännchen   198
- Überbackene Grünkernküchlein   212
- Überbackene Käsechampignons   190

Mit Früchten

- Ananassalat mit Zwiebeln (B)   214
- Avocadodip (S)   232
- Beschwipste Erdbeeren (D)   239
- Creolischer Reis (B)   218
- Entenbrüstchen mit gefüllten Crêpes   158
- Fruchtige Geflügelspieße   166
- Fruchtige Krabbenpfännchen   172
- Krokantbananen (D)   242
- Leberspieße mit Apfelsauce   142
- Marinierte Lammkoteletts mit Datteln   148
- Marzipanäpfel (D)   243
- Mokkacreme mit gebratener Mango (D)   236
- Pfirsiche mit Zimtschaum (D)   240
- Rotweinbirnen mit Mascarpone (D)   238
- Tomaten-Papaya-Pfännchen   198
- Wurstpfanne mit Johannisbeersahne   156

Mit Nüssen

- Cocktailsauce mit Erdnüssen (S)   233
- Creolische Hähnchenspieße   168
- Creolischer Reis (B)   218
- Fruchtige Geflügelspieße   166
- Fruchtige Krabbenpfännchen   172
- Gratinierte Gemüsestreifen   192
- ■ ■ Gratiniertes Sprossenallerlei (B)   228
- Hackfleischröllchen mit Knoblauchbutter   144
- Krokantbananen (D)   242
- Marinierte Lammkoteletts mit Datteln   148
- Marzipanäpfel (D)   243
- Mokkacreme mit gebratener Mango (D)   236
- Paprika mit Gorgonzola   196

◆ Alle Rezeptnamen, die für ein Dessert stehen haben in Klammern ein „D" angehängt. Namen für Saucen oder Beilagen haben ein „S" bzw. ein „B" bekommen.

◆ Alle Rezepte für das Raclettegerät sind mit einem „■" gekennzeichnet. Rezepte für das Kombigerät haben ein „■" und solche für den heißen Stein ein „■" vor ihrem Namen stehen.

ALPHABETISCHES VERZEICHNIS ALLER REZEPTE

A

Ananassalat mit Zwiebeln 214

Auberginen, gratinierte 188

Auberginen-Paprika-Salat 114

Auberginen-Zucchini-Fondue 56

Avocadodip 232

Avocadosauce 107

B

Bananen-Curry-Sauce 92

Basilikumpesto 95

Beschwipste Erdbeeren 239

Bierpfanne, englische 206

Blattsalat, bunter 110

Bourdéto aus Korfu 70

Brokkolisalat 108

Bunter Blattsalat 110

Bunter Hähnchenbrustsalat 216

Buntes Sahnefondue 80

C

Champagnerfondue 24

Champignonrisotto 220

Chinakohl-Mandarinen-Salat 116

Cocktailsauce mit Erdnüssen 233

Creolische Hähnchenspieße 168

Creolischer Reis 218

Cumberlandsauce 105

E

Eisfondue 82

Englische Bierpfanne 206

Englisches Senfgemüse 118

Entenbrüstchen mit gefüllten Crêpes 158

Erdbeeren, beschwipste 239

Exotisches Fondue 90

F

Fenchelsalat mit Orangen 112

Feuertopf, koreanischer 60

Feuertopf, mongolischer 16

Feuertopf mit dreierlei Geflügel 30

Feurige Zwiebelsauce 93

Fischbällchenfondue 42

Fischburger 186

Fondue, exotisches 90

Fondue, kaliforisches 76

Fondue, orientalisches 78

Fondue, vietnamesisches 64

Fondue bourguignonne 12

Fondue chinoise 22

Fondue mit Meeresfrüchten 40

Fonduta 18

Fruchtige Geflügelspieße 166

Fruchtige Krabbenpfännchen 172

G

Gänseschnitzelchen, marinierte 160

Geflügelspieße, fruchtige 166

Gefüllte Reispäckchen 126

Gemüsefondue, italienisches 66

Gemüsefondue in Bierteig 58

Gemüserelish 98

Gemüsestreifen, gratinierte 192

Gratinierte Auberginen 188

Gratinierte Gemüsestreifen 192

Gratinierte Kräutermuscheln 174

Gratinierte Meeresfrüchte 176

Gratinierte Schollenfilets mit Garnelen 184

Gratiniertes Mais-Tomaten-Gemüse 194

Gratiniertes Sprossenallerlei 228

Grünkernküchlein, überbackene 212

H

Hackfleischfondue, knuspriges 28

Hackfleischröllchen mit Knoblauch-
     butter 144

Hähnchenbrustsalat, bunter 216

Hähnchenpfännchen 164

Hähnchenspieße, creolische 168

Holländisches Käsefondue 72

Hummerkrabben auf karibische Art 170

I

Italienisches Gemüsefondue 66

J

Japanisches Shabu-Shabu 68

K

Kalbsschnitzel mit Austernpilzen 138

Kalifornisches Fondue 76

Karibischer Partyspaß 244

Kartoffel-Kräuter-Burger 208

Kartoffelspieße mit Lauch 200

Käseburger 154

Käsechampignons, überbackene 190

Käsefondue, holländisches 72

Käsefondue, Neuenburger 14

Käseherzen 231

Käsezucchini 230

Kaviarspaghetti 222

254

REZEPTVERZEICHNIS

Kinderfondue 88

Kiwichutney 99

Knuspriges Hackfleischfondue 28

Kohlrollen, süß-saure 120

Koreanischer Feuertopf 60

Krabbenpfännchen, fruchtige 172

Kräutermuscheln, gratinierte 174

Kräutersauce, Pariser 96

Krokantbananen 242

L

Lachsscheiben, überbackene 182

Lammfleischspieße 146

Lammkoteletts mit Datteln, marinierte 148

Leberspieße mit Apfelsauce 142

Limettendip 100

M

Mais-Tomaten-Gemüse, gratiniertes 194

Mangodip 97

Marinierte Gänseschnitzelchen 160

Marinierte Lammkoteletts mit Datteln 148

Marinierte Zucchini 121

Marzipanäpfel 243

Meeresfrüchte, gratinierte 176

Möhrensalat, bunter 109

Mokkacreme mit gebratener Mango 236

Mongolischer Feuertopf 16

Mozzarella-Schinken-Fondue 34

N

Neuenburger Käsefondue 14

Nuß-Sauce 102

O

Obstsalat in der Melone 126

Oliven-Kartoffel-Creme 224

Oliven-Käse-Fondue 54

Orientalisches Fondue 78

P

Paprikacreme 94

Paprika-Käse-Fondue 46

Paprika mit Gorgonzola 196

Pariser Kräutersauce 96

Partybrötchen 226

Partyspaß, karibischer 244

Pellkartoffelfondue 44

Pfirsiche mit Zimtschaum 240

Pflaumenketchup 106

Pilzfondue 52

Pilzfrikadellen 202

Pute mit Thunfischdip 162

Puten-Obst-Fondue 32

R

Raclette, Schweizer 150

Radieschen-Sprossen-Salat 115

Rauke-Tomaten-Salat 117

Reis, creolischer 218

Reispäckchen, gefüllte 126

Reispflänzchen mit Brokkoli 210

Rettich-Tomaten-Salat 113

Rotbarschstreifen in Senfbutter 180

Rotweinbirnen mit Mascarpone 238

S

Sahnefondue, buntes 80

Sauce, süß-saure 104

Schokoladen-Kumquat-Fondue 84

Schollenfilets mit Garnelen, gratinierte 184

Schweinekoteletts mit Käsenudeln 136

Schweinelendchen mit Artischockenpfanne 134

Schweizer Raclette 150

Senfgemüse, englisches 118

Shabu-Shabu, japanisches 68

Spargelpfännchen mit vier Sorten
Schinken 152

Spinat-Punsch-Fondue 36

Sprossenallerlei, gratiniertes 228

Sukiyaki 62

Süß-saure Kohlrollen 120

Süß-saure Sauce 104

Süß-saures Fondue 38

T

Tatarensauce 103

Tempura 20

Ti-Malice-Sauce 234

Tofufondue 50

Tomaten-Joghurt-Sauce 101

Tomaten mit Mozzarella 229

Tomaten-Papaya-Pfännchen 198

Tomaten-Spargel-Fondue 48

Traubenfondue 86

U

Überbackene Grünkernküchlein 212

Überbackene Käsechampignons 190

Überbackene Lachsscheiben 182

Ungarisches Wurstfondue 74

V

Viertelpfünder mit Sauce Béarnaise 140

Vietnamesisches Fondue 64

W

Waller mit Kräutersauce 178

Winzerfondue 26

Wurstfondue, ungarisches 74

Wurstpfanne mit Johannisbeer-
sauce 156

Z

Zucchini, marinierte 121

Zucchinispieße 204

Zwiebelsauce, feurige 93

© der Originalausgabe by FALKEN Verlag

Die Verwertung der Texte und Bilder, auch auszugsweise, ist ohne Zustimmung des Verlags urheberrechtswidrig und strafbar. Dies gilt auch für Vervielfältigungen, Übersetzungen, Mikroverfilmung und für die Verarbeitung mit elektronischen Systemen.

Ideen und Texte Seite 8 bis 127: Ulrike Bültjer

Ideen und Texte Seite 130 bis 249: Rose Marie Donhauser

Fotos: Rolf Feuz, Zürich: Seite 2, 5, 7 bis 31, 33 bis 127, 250, 251; **Wolfgang und Christel Feiler**, Karlsruhe: Seite 6, 128 bis 132 oben, 133 bis 239 oben 241 bis 248 oben, 252, 253, 256; **TLC Foto-Studio GmbH**, Velen-Ramsdorf: Seite 1, 3; **Archiv**: Seite 32, 132 unten, 239 unten, 240, 248 unten

47590194+47660194X817 2635 4453 62

10862X03 02 01 00